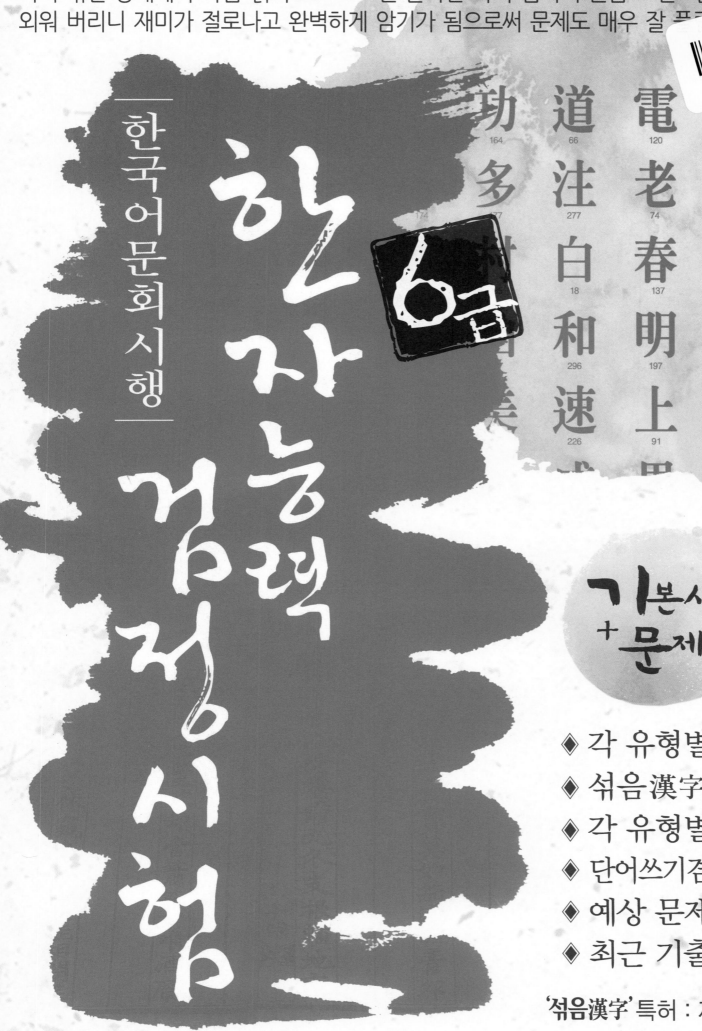

머리말

우리나라 말(한국어) 어휘의 70% 정도가 한자어로 구성되어 있는 현실에서 한글전용만으로는 상호간의 의사소통이 모호할뿐만 아니라 학생들의 학습능력을 감소시킴으로써 국민의 국어능력을 전면적으로 저하시키는 결과가 과거 30여년간의 한글 전용 교육에서 명백히 드러났슴을 우리는 보아왔습니다.

이는 우리 선조들이 약 2000년전에 중국의 한자와 대륙문화를 받아들이고 중국사람들과 많이 교통하면서 한자로 이루어진 어휘를 많이 빌려쓰게 되었으며 그후 계속해서 오늘날에 이르기까지 계속 한자어를 사용해 오던것을 갑자기 이런 큰 틀을 뒤엎고 한글전용만을 주장한다면 우리말을 이해하고 표현하는데 큰 어려움이 따르기 때문입니다.

우리는 이제 한글과 한자를 혼용함으로써 우리말 어휘력 향상에 공헌하고 한국어를 제대로 이해해야 할것입니다.

다행히도 1990년대에 들어서 한국어문회 산하인 한국한자능력검정회에서 각 급수별 자격시험을 실시하여 수험생들에게 국어의 이해력과 어휘력 향상을 크게 높여 오고 있는것은 매우 고무적이고 다행스런 일이라 하겠습니다.

때에 맞춰 한자학습에 대한 이런 관심이 사회 각계에서 반영되고 있는데 한자능력에 따라 인사, 승진 등 인사고과의 혜택과 대학 수시모집 및 특기자 전형에서 그 실례를 찾을수 있습니다.

이에 따라 본 학습서가 전국한자능력시험을 준비하는 학생들에게 훌륭한 길잡이가 되어 최선의 학습방법으로 합격의 기쁨을 누리기 바랍니다.

편저자 씀

차 례

사단법인 한국어문회
한자능력검정시험 출제기준

● 급수별 합격기준

구 분	특급	특급II	1급	2급	3급	3급II	4급	4급II	5급	5급II	6급	6급II	7급	7급II	8급
출제문항수	200	200	200	150	150	150	100	100	100	100	90	80	70	60	50
합격문항수	160	160	160	105	105	105	70	70	70	70	63	56	49	42	35
시험시간	100	90	90	60	60	60	50	50	50	50	50	50	50	52	50

● 급수별 출제유형

문제유형	특급	특급II	1급	2급	3급	3급II	4급	4급II	5급	5급II	6급	6급II	7급	7급II	8급
읽기배정한자	5,978	4,918	3,500	2,350	1,817	1,500	1,000	750	500	400	300	300	150	100	50
쓰기배정한자	3,500	2,355	2,005	1,817	1,000	750	500	400	300	225	150	50	0	0	0
독 음	50	50	50	45	45	45	30	35	35	35	33	32	32	22	25
훈 음	32	32	32	27	27	27	22	22	24	23	23	30	30	30	25
장 단 음	10	10	10	5	5	5	5	0	0	0	0	0	0	0	0
반 의 어	10	10	10	10	10	10	3	3	4	3	4	3	3	2	0
완성형(성어)	15	15	15	10	10	10	5	5	5	4	4	3	3	2	0
부 수	10	10	10	5	5	5	3	3	0	0	0	0	0	0	0
동 의 어	10	10	10	5	5	5	3	3	3	3	2	0	0	0	0
동음이의어	10	10	10	5	5	5	3	3	3	3	2	0	0	0	0
뜻 풀 이	10	10	10	5	5	5	3	3	3	3	2	2	2	2	0
필 순	0	0	0	0	0	0	0	0	3	3	3	3	2	2	2
약 자	3	3	3	3	3	3	3	3	3	3	0	0	0	0	0
한자쓰기	40	40	40	30	30	30	20	20	20	20	20	10	0	0	0

● 대학 수시모집 및 특별전형에 반영

대 학	학 과
경북대학교	특기자특별전형(한자/한문 분야)
경상대학교	특기자특별전형 – 본회 2급 이상
경성대학교	외국어 우수자 선발(한문학과) – 본회 3급 이상
공주대학교	특기자특별전형(한자/한문 분야) – 본회 3급 이상
계명대학교	대학독자적 기준에 의한 특별전형(학교장 또는 교사 추천자) – 한문교육
국민대학교	특기자특별전형(중어중문학과) – 본회 1급 이상
단국대학교	특기자특별전형(한문 분야)
동아대학교	특기자특별전형(국어/한문 분야) – 본회 3급 이상
동의대학교	특기자특별전형(어학 특기자) – 본회 1급 이상
대구대학교	특기자특별전형(한자우수자) – 본회 3급 이상
명지대학교	특기자특별전형(어학분야) – 본회 2급 이상
부산외국어대학교	대학독자적 기준에 의한 특별전형(외국어능력우수자) – 본회 3급 이상
성균관대학교	특기자전형 : 인문과학계열(유학동양학부) – 본회 2급 이상
아주대학교	특기자특별전형(문학 및 한문 분야)
영남대학교	특기자특별전형(어학) – 본회 2급 이상
원광대학교	특기자특별전형(한문 분야)
중앙대학교	특기자특별전형(국제화특기분야) – 본회 2급 이상
충남대학교	특기자특별전형(문학·어학분야) – 본회 3급 이상

● 기업체 입사·승진·인사고과 반영

구 분	내 용	비 고
육 군	부사관 5급 이상 / 위관장교 4급 이상 / 영관장교 3급 이상	인사고과
조 선 일 보	기자채용시 3급 이상 우대	입 사
삼성그룹 외	중요기업체들 입사시 한문 비중있게 출제 3급 이상 가산점	입 사

한자능력검정 시험안내

⊠ 한자능력시험 (http://www.hanja.re.kr) 〉 기출문제 출력가능
(※ 네이버에 한글로 "한국어문회" 쓰고 클릭)

▶ **주   관** : (사)한국어문회(☎ 02-6003-1400), (☎ 1566-1400)

▶ **시험일시** : 연 4회 ┌ 교육급수 : 2, 4, 8, 11월 오전 11시
                        └ 공인급수 : 2, 4, 8, 11월 오후 3시

※ 공인급수, 교육급수 분리시행

공인급수는 특급·특급Ⅱ·1급·2급·3급·3급Ⅱ이며, 교육급수는 4급·4급Ⅱ·5급·6급·6급Ⅱ·7급·8급입니다.

▶ **접수방법**

1. 방문접수
   - 접수급수 : 특급 ~ 8급
   - 접 수 처 : 각 시·도 지정 접수처   ※ (02)6003-1400, 1566-1400, 또는 인터넷(네이버에 "한국어문회" 치고 들어가서 다시 "한자검정" 클릭
   - 접수방법 : 먼저 스스로에게 맞는 급수를 정한 후, 반명함판사진(3×4cm) 3매, 급수증 수령주조, 주민등록번호, 한자이름을 메모해서 해당접수처로 가서 급수에 해당하는 응시료를 현금으로 납부한 후 원서를 작성하여 접수처에 제출하면 됩니다.

2. 인터넷접수
   - 접수급수 : 특급 ~ 8급
   - 접 수 처 : www.hangum.re.kr
   - 접수방법 : 인터넷 접수처 게시

3. 우편접수
   - 접수급수 : 특급, 특급Ⅱ
   - 접 수 처 : 한국한자능력검정회(서울특별시 서초구 서초1동 1627-1 교대벤처타워 401호)
   - 접수방법 : 해당 회차 인터넷 또는 청구접수기간내 발송한 우편물에 한하여 접수가능(접수마감일 소인 유효)

▶ **검 정 료**

급수/검정료	특 급	특급Ⅱ	1 급	2급~3급Ⅱ	4 급	4급Ⅱ	5 급	6 급	6급Ⅱ	7 급	7급Ⅱ	8 급
	40,000	40,000	40,000	20,000	15,000							

※ 인터넷으로 접수하실 경우 위 검정료에 접수수수료가 추가됩니다.

▶ **접수시 준비물**

반명함판사진 3매 / 응시료(현금) / 이름(한글·한자) / 주민등록번호 / 급수증 수령주소

▶ **응시자격** :

- 제한없음, 능력에 맞게 급수를 선택하여 응시하면 됩니다.
- 1급은 서울, 부산, 대구, 광주, 대전, 전주, 청주, 제주에서만 실시하고, 특급과 특급Ⅱ는 서울에서만 실시합니다.

▶ **합격자발표** : 인터넷접수 사이트(www.hangum.re.kr) 및 ARS(060-800-1100), 1566-1400

漢字의 畫數(획수)와 筆順(필순)

● **畫數(획수)** 글씨를 쓸때 펜을 데었다가 자연스럽게 펜이 떨어질때까지를 일획(一畫)으로 여긴다.

예

● **筆順(필순)** (1) 대체로 위에서 아래로　(2) 왼쪽에서 오른쪽으로
(3) 가로에서 세로로 쓰는 3대 원칙이 기본적으로 적용된다.

(1) 위에서 아래로 씀 : 예 王(一丁壬王), 合(丿人今今合合), 元(一二亍元)

(2) 왼쪽에서 오른쪽으로 씀 : 예 川(丿刂川), 林(一十才木 木村材林)

(3) 가로획을 먼저씀 : 예 下(一丁下), 木(一十才木)

(4) 가운데를 먼저씀 : 예 小(亅小小), 出(丨屮屮出出)

(5) 바깥을 먼저 쓰는 경우 : 예 岡(丨冂冃冈冈岡岡), 同(丨冂冂冂同同)

(6) 꿰뚫는 획은 나중에 씀 : 예 事(一丅丏丏王王肀事), 中(丨冂口中), 女(乆夊女)

(7) 오른쪽위에 있는 점은 나중에 씀 : 예 戈(一弋戈戈), 犬(一ナ大犬)

(8) 받침이 있을 경우 나중에 씀 : 예 道(丷丷首首首道道道), 建(フ彐彐彐聿聿津建建)

※ 필순에서 예외인 경우도 있다.

部首(부수)의 위치에 따라 부르는 명칭

部首(부수)는 항상 한 글자 형태 안에서 일정한 위치를 차지하고 있으며,
위치에 따라 부르는 명칭도 달라지는데 이를 열거하자면
[변, 방, 머리, 발, 엄(밑), 받침, 몸]으로 구분된다.

(1) 변 : 부수가 글자의 왼쪽을 차지할때 '변'이라 한다.

	물 강	물건 물	재주 기
예	江	物	技
	氵: 삼수변	牜: 소우변	扌: 재방변

(2) 방 : 부수가 글자의 오른쪽을 차지할때 '방'이라 한다.

	고을 군	본받을 효	이를 도
예	郡	效	到
	阝: 우부방	攵: 등글월문방	刂: 선칼도방

(3) 머리 : 부수가 글자의 위를 차지할때 '머리'라 한다.

	만약 약	차례 제	서울 경
예	若	第	京
	艹: 풀초머리(초두)	竹: 대죽머리	亠: 돼지해머리

(4) 발 : 부수가 글자의 아래를 차지할때 '발'이라 한다.

	먼저 선	세찰 렬	다할 진
예	先	烈	盡
	儿: 어진사람인발	灬: 연화발	皿: 그릇명

(6) 엄 : 부수가 글자의 위와 왼쪽을 차지할때 '엄' 또는 '밑'이라 한다.

	가게 점	전염병 역	재앙 앙
예	店	疫	厄
	广: 집엄	疒: 병질밑	厂: 굴바위엄

(7) 받침 : 부수가 글자의 왼쪽과 아래를 차지할때 '받침'이라 한다.

	지을 조	세울 건	일어날 기
예	造	建	起
	辶: 책받침	廴: 민책받침	走: 달릴주

(8) 몸 : 부수가 글자의 삼면이나 사면 또는 좌우를 차지할때 '몸' 또는 '에운담'이라 한다.

	동산 원	구역 구	기술 술
예	園	區	術
	囗: 큰입구몸	匚: 감출혜몸	行: 다닐행

(9) 제부수 : 글자 자체가 부수의 하나일때 '제부수'라 한다.

예	車	女	金
	수레거 : 제부수	계집녀 : 제부수	쇠금 : 제부수

6급 부수(部首) 정리 (136字)

※ 부수(部首)는 총 214字이지만 6급배정 漢字에 속하는 부수는 136字 정도인데, 7급과 6급으로 분류하였으며, 7급을 거쳐온 학생을 위해 7급은 별(*)표를 표시하였습니다.

◇ 다음 부수(部首)를 10회 이상 쓰면서 漢字를 익히세요.

※ 부수(部首)를 써 보고 익힘으로서 漢字를 쓰는데 필순이 정확하고 자신감을 찾게 되며 암기도 절 됩니다.

1획

부수	훈·음	쓰기
* 一	한 일	一 一
* 丨	뚫을 곤	丨 丨
* 丶	점 주	丶 丶
* 丿	삐침 별	丿 丿
* 乙	새 을	乙 乙
* 亅	갈고리 궐	亅 亅

2획

부수	훈·음	쓰기
* 二	두 이	二 二
* 亠	돼지해머리	亠 亠
* 人	사람 인	人 人
* 亻	사람인변	亻 亻
* 儿	어진사람 인	儿 儿
* 入	들 입	入 入
* 八	여덟 팔	八 八

부수	훈·음	쓰기
冂	멀 경	冂 冂
冖	덮을 멱/민갓머리	冖 冖
冫	얼음 빙/이수변	冫 冫
几	안석 궤	几 几
凵	위 튼입구	凵 凵
刀	칼 도	刀 刀
刂	선칼도방	刂 刂

부수	훈·음	쓰기
* 力	힘 력	力 力
* 勹	쌀 포	勹 勹
* 匕	비수 비	匕 匕
* 匚	상자 방	匚 匚
* 匸	감출 혜	匸 匸
卜	점 복	卜 卜
卩	병부 절	卩 卩
厂	마디 절	厂 厂

한자	필순	훈·음
弓	ㄱㄱ弓	활 궁
彳	彳彳	두인 변
心 (4획)	心心心	마음 심
忄	忄忄忄	심방변/마음심
戈	一ナ戈戈	창 과
戶	ヽヲ戶	지게 호
手	一二三手	손 수
扌	一十扌	재방 변
攴	一十ㅋ攴	지탱할 지
攵	ノ广ケ攵	칠 복
攴	ノ广ケ攴	등글월문 방

한자	필순	훈·음
屮	ㄴㄴ屮	싹날 철
山	ㅣㅛ山	메 산
工	一丅工	장인 공
己	ㄱㄱ己	몸 기
巾	ㅣ竹巾	수건 건
干	一二干	방패 간
幺	ㄴ幺幺	작을 요
广	ヽ广广	집 엄/엄호 엄
廴	ヽ弓廴	길게걸을 인/민책받침
廾	一ナ廾	받들 공
弋	一ㄷ弋	주살 익

한자	필순	훈·음
夕	ノクタ	저녁 석
大	一ナ大	큰 대
女	ㄴㅆ女	계집 녀
子	ㄱㄱ子	아들 자
宀	ヽヽ宀	집면/갓머리
寸	一寸寸	마디 촌
小	ノ小小	작을 소
尢	一尢	절름발이 왕
尸	ㄱㄱ尸	주검 시
川	ノ刂川	내 천
巛	巛巛巛	개미허리 천

한자	필순	훈·음
十	一十	열 십
卜	ㅣ卜	점 복
厂	一厂	굴바위 엄/민엄호
厶	ㄴ厶	사사로울 사/마늘모
又	ㄱ又	또 우
口 (3획)	ㅣ冂口	입 구
囗	ㅣ冂囗	큰입구몸/에울 위
土	一十土	흙 토
士	一十士	선비 사
夊	ノクタ	뒤저올 치
夂	ノク夂	천천히걸을 쇠

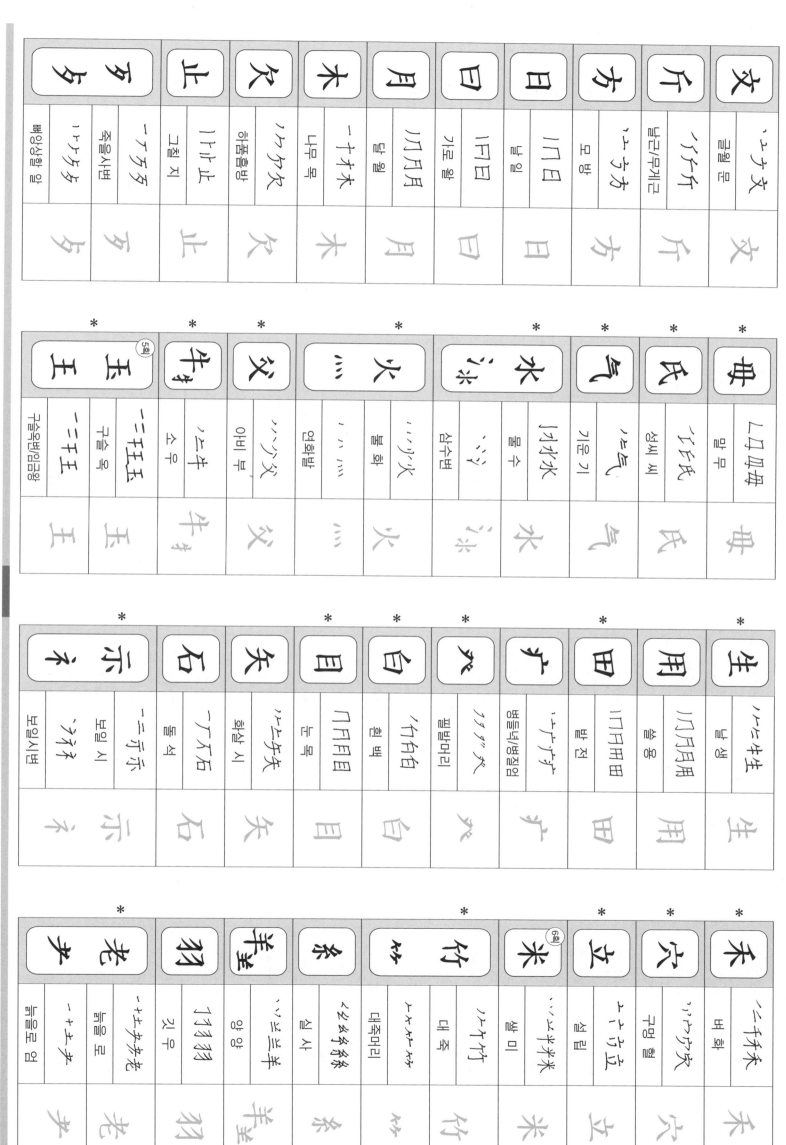

한자	필순	훈·음
青	三丰丰青青月	푸를 청
面	一了石百而面	낯 면
韋	立舟昔音韋	가죽 위
音	立立产音音	소리 음
頁	一丆百百頁	머리 혈
風	几凡凡凡風風	바람 풍
食	人人今今食食食	밥 식
骨	口丹丹丹骨骨	뼈 골
高	一古古高高	높을 고
黃	艹莒菩菩黃黃	누를 황

한자	필순	훈·음
車	一戸百百車	수레 거(차)
辰	一厂厂辰辰辰	별 진
酉	一丙丙西酉酉	닭 유
里	口曰甲里里	마을 리
金	人人合全金	쇠 금
長	一厂手長長長	긴장/어른장
門	門門門門門	문 문
阜	仁白自身阜	언덕 부
阝	丁阝阝	좌부변
隹	1作作作住住	새 추
雨	一方雨雨雨	비 우

한자	필순	훈·음
虍	一丨卢卢卢虍	범 호
見	门月目目見	볼 견
角	宀各角角角	뿔 각
言	言言言言言	말씀 언
足	口早足足	발 족
疋	口卫正	발족변
身	竹竹竹身身	몸 신
辵	辶辶	쉬엄쉬엄갈 착
辶辶	辶辶辶辶	책받침
邑	口므吕邑	고을 읍
阝	丁阝阝	우부방

한자	필순	훈·음
耳	一TFFE耳	귀 이
聿	丁马글聿	붓율/오직 율
肉	门内肉肉	고기육/살육
月	刀月月	육달월
自	竹自白自	스스로 자
色	竹竹各色色	빛 색
艸	++	풀초
行	彳彳行行	다닐 행
衣	一ナた衣衣	옷 의
衤	衤衤衤	옷의변

6급 배정한자 300字 (8급~6급까지 급수별)

※ 처음 '배정漢字' 힘습과정에서 '배정漢字' 낱글자의 암기를 용이하게 하기 위해서 또는 수험생의 언어능력을 높이겠다는 야심찬 취지에서 '배정漢字' 전체에서 활용되는 낱말語(漢字語) 모두를 익힌다는 것은 '수험생'들이 받아들이기에는 이것정에서는 절 되지도 않고 너무 어렵습니다. 그래서 본 도서에서는 '습급漢字' 과정을 통해 '배정漢字'의 암기가 매우 수월하게 이루어지도록 별도로 등급작으로 구성하였으며, '品語活용법' 과정은 '쓰기배정漢字' 범위 내에서 조성된 300단어를 쓰고 익힐때 동시에 한므로써 시나지 효과를 내도록 편집하였습니다.

8급 배정한자

※ 1주에 10회 이상 써 보고 외우세요.

教	가르칠 교	[攵(攴)부/총11획]
校	학교 교	[木부/총10획]
九	아홉 구	[乙부/총2획]
國	나라 국	[囗부/총11획]
軍	군사 군	[車부/총9획]
金	쇠 금/성 김	[金부/총8획]
南	남녘 남	[十부/총9획]
女	계집 녀	[女부/총3획]
年	해 년	[干부/총6획]
大	큰 대	[大부/총3획]
東	동녘 동	[木부/총8획]
六	여섯 륙	[八부/총4획]
萬	일만 만	[艸(艹)부/총13획]
母	어미 모	[毋부/총5획]
木	나무 목	[木부/총4획]
門	문 문	[門부/총8획]
民	백성 민	[氏부/총5획]
白	흰 백	[白부/총5획]
父	아비 부	[父부/총4획]
北	북녘 북/달아날 배	[匕부/총5획]
四	넉 사	[囗부/총5획]
山	메 산	[山부/총3획]
三	석 삼	[一부/총3획]
生	날 생	[生부/총5획]
西	서녘 서	[襾부/총6획]
先	먼저 선	[儿부/총6획]
小	작을 소	[小부/총3획]
水	물 수	[水부/총4획]
室	집 실	[宀부/총9획]
十	열 십	[十부/총2획]
五	다섯 오	[二부/총4획]
王	임금 왕	[玉(王)부/총4획]
外	바깥 외	[夕부/총5획]
月	달 월	[月부/총4획]
二	두 이	[二부/총2획]
人	사람 인	[人부/총2획]

7급II 배정한자

市	저자 시	수건 건 [巾부/총5획]
食	밥/먹을 식	밥 식 [食부/총9획]
安	편안 안	[宀부/총6획]
午	낮 오	[十부/총4획]
右	오를/오른(쪽) 우	입 구 [口부/총5획]
子	아들 자	[子부/총3획]
自	스스로 자	[自부/총6획]
場	마당 장	[土부/총12획]
全	온전 전	[入부/총6획]
前	앞 전	[刀부/총9획]
電	번개 전	[雨부/총13획]
正	바를 정	[止부/총5획]
足	발 족	[足부/총7획]
左	왼 좌	[工부/총5획]
動	움직일 동	힘 력 [力부/총11획]
力	힘 력	[力부/총2획]
立	설 립	[立부/총5획]
每	매양 매	[毋부/총7획]
名	이름 명	입 구 [口부/총6획]
物	물건 물	소 우 [牛부/총8획]
方	모 방	[方부/총4획]
不	아닐 불	한 일 [一부/총4획]
事	일 사	한 일 [一부/총8획]
上	윗 상	한 일 [一부/총3획]
姓	성 성	계집 녀 [女부/총8획]
世	인간 세	한 일 [一부/총5획]
手	손 수	[手부/총4획]
時	때 시	[日부/총10획]

7급 배정한자

家	집 가	[宀부/총10획]
間	사이 간	[門부/총12획]
江	강 강	[水부/총6획]
車	수레 거(차)	[車부/총7획]
工	장인 공	[工부/총3획]
空	빌 공	[穴부/총8획]
記	기록할 기	말씀 언 [言부/총10획]
氣	기운 기	[气부/총10획]
男	사내 남	밭 전 [田부/총7획]
內	안 내	들 입 [入부/총4획]
農	농사 농	별 진 [辰부/총13획]
答	대답 답	[竹부/총12획]
道	길 도	쉬엄쉬엄갈 착 [辶부/총13획]
一	한 일	[一부/총1획]
日	날 일	[日부/총4획]
長	긴 장	[長부/총8획]
弟	아우 제	활 궁 [弓부/총7획]
中	가운데 중	[丨부/총4획]
靑	푸를 청	[靑부/총8획]
寸	마디 촌	[寸부/총3획]
七	일곱 칠	[一부/총2획]
土	흙 토	[土부/총3획]
八	여덟 팔	[八부/총2획]
學	배울 학	아들 자 [子부/총16획]
韓	한국/나라 한	가죽 위 [韋부/총17획]
兄	형 형	입 구 [口부/총5획]
火	불 화	[火부/총4획]

6급

道	길 도	辵(辶)부/총8획
本	근본 본	木부/총5획
下	아래 하	一부/총3획
漢	한수/한나라 한	水(氵)부/총14획
海	바다 해	水(氵)부/총10획
語	말씀 어	言부/총14획
活	살 활	水(氵)부/총9획
孝	효도 효	子부/총7획
後	뒤 후	彳부/총9획

7급 배정한자

歌	노래 가	欠부/총14획
口	입 구	口부/총3획
旗	기 기	方부/총14획
冬	겨울 동	冫부/총5획
同	한가지 동	口부/총6획
洞	골 동/밝을 통	水(氵)부/총9획
登	오를 등	癶부/총12획
來	올 래	人부/총8획
老	늙을 로	老부/총6획
里	마을 리	里부/총7획
林	수풀 림	木부/총8획
面	낯 면	面부/총9획
命	목숨 명	口부/총8획
問	물을 문	口부/총11획
文	글월 문	文부/총4획
百	일백 백	白부/총6획
夫	지아비 부	大부/총4획
算	셈 산	竹부/총14획
色	빛 색	色부/총6획
夕	저녁 석	夕부/총3획
少	적을 소	小부/총4획
所	바 소	戶부/총8획
數	셈 수	攴(攵)부/총15획
植	심을 식	木부/총12획
心	마음 심	心부/총4획
語	말씀 어	言부/총14획
然	그럴 연	火(灬)부/총12획
有	있을 유	月부/총6획
育	기를 육	肉(月)부/총8획
邑	고을 읍	邑부/총7획
入	들 입	入부/총2획
字	글자 자	子부/총6획
祖	할아비 조	示부/총10획
主	임금/주인 주	丶부/총5획
住	살 주	人(亻)부/총7획
重	무거울 중	里부/총9획
地	따 지	土부/총6획
紙	종이 지	糸부/총10획
千	일천 천	十부/총3획
天	하늘 천	大부/총4획
川	내 천	巛(川)부/총3획
草	풀 초	艸(艹)부/총10획
村	마을 촌	木부/총7획
秋	가을 추	禾부/총9획
春	봄 춘	日부/총9획
出	날 출	凵부/총5획

雲	구름 운	[雨]부/총13획
成	이룰 성	[戈]부/총7획
省	살필 성/덜 생	[目]부/총9획
消	사라질 소	[水]부/총10획
術	재주 술	[行]부/총11획
始	비로소 시	[女]부/총8획
神	귀신 신	[示]부/총10획
信	믿을 신	[人]부/총9획
新	새 신	[斤]부/총13획
身	몸 신	[身]부/총7획
弱	약할 약	[弓]부/총10획
藥	약 약	[艸]부/총19획
業	업 업	[木]부/총13획
勇	날랠 용	[力]부/총9획
利	이할 리	[刀]부/총7획
理	다스릴 리	[玉]부/총11획
明	밝을 명	[日]부/총8획
聞	들을 문	[耳]부/총14획
半	반 반	[十]부/총5획
反	돌이킬 반	[又]부/총4획
班	나눌 반	[玉]부/총10획
發	필 발	[癶]부/총12획
放	놓을 방	[攴]부/총8획
部	떼 부	[邑]부/총11획
分	나눌 분	[刀]부/총4획
社	모일 사	[示]부/총8획
書	글 서	[曰]부/총10획
線	줄 선	[糸]부/총15획
科	과목 과	[禾]부/총9획
光	빛 광	[儿]부/총6획
球	공 구	[玉]부/총11획
今	이제 금	[人]부/총4획
急	급할 급	[心]부/총9획
短	짧을 단	[矢]부/총12획
堂	집 당	[土]부/총11획
代	대신할 대	[人]부/총5획
對	대할 대	[寸]부/총14획
圖	그림 도	[囗]부/총14획
讀	읽을 독	[言]부/총22획
童	아이 동	[立]부/총12획
等	무리 등	[竹]부/총12획
樂	즐길 락(낙)/노래 악/좋아할 요	[木]부/총15획
便	편할 편/똥오줌 변	[人]부/총9획
夏	여름 하	[夊]부/총10획
花	꽃 화	[艸]부/총8획
休	쉴 휴	[人]부/총6획

6급II 배정한자

各	각각 각	[口]부/총6획
角	뿔 각	[角]부/총7획
界	지경 계	[田]부/총9획
計	셀 계	[言]부/총9획
高	높을 고	[高]부/총10획
共	한가지 공	[八]부/총6획
公	공평할 공	[八]부/총4획
功	공 공	[力]부/총5획
果	실과 과	[木]부/총8획

6급 배정한자

用	쓸 용	用부/총5획
運	옮길 운	辶(辵)부/총13획
音	소리 음	音부/총9획
飮	마실 음	食부/총13획
意	뜻 의	心부/총13획
作	지을 작	亻(人)부/총7획
昨	어제 작	日부/총9획
才	재주 재	扌(手)부/총3획
戰	싸움 전	戈부/총16획
庭	뜰 정	广부/총10획
題	제목 제	頁부/총18획
第	차례 제	竹부/총11획
注	부을 주	氵(水)부/총8획
集	모을 집	隹부/총12획
窓	창 창	穴부/총11획
淸	맑을 청	氵(水)부/총11획
體	몸 체	骨부/총23획
表	겉 표	衣부/총8획
風	바람 풍	風부/총9획
幸	다행 행	干부/총8획
現	나타날 현	玉부/총11획
形	모양 형	彡부/총7획
和	화할 화	口부/총8획
會	모일 회	曰부/총13획
感	느낄 감	心부/총13획
強	강할 강	弓부/총11획
開	열 개	門부/총12획
京	서울 경	亠부/총8획
苦	쓸 고	艹(艸)부/총9획
古	예 고	口부/총5획
交	사귈 교	亠부/총6획
區	구분할/지경 구	匸부/총11획
郡	고을 군	阝(邑)부/총10획
近	가까울 근	辶(辵)부/총8획
根	뿌리 근	木부/총10획
級	등급 급	糸부/총10획
多	많을 다	夕부/총6획
待	기다릴 대	彳부/총9획
度	법도 도/헤아릴 탁	广부/총9획
頭	머리 두	頁부/총16획
例	법식 례	亻(人)부/총8획
禮	예도 례	示부/총18획
路	길 로	足부/총13획
綠	푸를 록	糸부/총14획
李	오얏/성 리	木부/총7획
目	눈 목	目부/총5획
米	쌀 미	米부/총6획
朴	성 박	木부/총6획
番	차례 번	田부/총12획
別	다를/나눌 별	刂(刀)부/총7획
病	병 병	疒부/총10획
服	옷 복	月부/총8획
本	근본 본	木부/총5획
使	하여금/부릴 사	亻(人)부/총8획

배정漢字 안내

◇ 8급 '배정漢字'는 50字이며 '쓰기배정漢字'는 없습니다.

◇ 7급Ⅱ '배정漢字'는 8급 50字에 50字를 더해서 모두 100字이며 '쓰기배정漢字'는 없습니다.

◇ 7급 '배정漢字'는 7급Ⅱ 100字에 50字를 더해서 150字이며 '쓰기배정漢字'는 없습니다.

◇ 6급Ⅱ '배정漢字'는 7급 150字에 75字를 더해 225字이며 '쓰기배정漢字'는 8급 50字 '배정漢字'입니다.

◇ 6급 '배정漢字'는 6급Ⅱ 225字에 75字를 더해서 300字이며 '쓰기배정漢字'는 '7급 배정漢字' 150字입니다.

黃	누를 황	黃부/총12획
訓	가르칠 훈	言부/총10획
在	있을 재	土부/총6획
定	정할 정	宀부/총8획
朝	아침 조	月부/총12획
族	겨레 족	方부/총11획
晝	낮 주	日부/총11획
親	친할 친	見부/총16획
大	큰 대	大부/총3획
通	통할 통	辶부/총11획
特	특별할 특	牛부/총10획
合	합할 합	口부/총6획
行	다닐 행 / 항렬 항	行부/총6획
向	향할 향	口부/총6획
號	이름 호	虍부/총13획
畫	그림 화 / 그을 획	田부/총12획
洋	큰바다 양	水(氵)부/총9획
言	말씀 언	言부/총7획
永	길 영	水부/총5획
來	올 래	人부/총8획
溫	따뜻할 온	水부/총13획
園	동산 원	囗부/총13획
遠	멀 원	辶부/총14획
油	기름 유	水(氵)부/총8획
由	말미암을 유	田부/총5획
銀	은 은	金부/총14획
衣	옷 의	衣부/총6획
醫	의원 의	酉부/총18획
者	놈 자	老부/총9획
章	글 장	立부/총11획
死	죽을 사	歹부/총6획
席	자리 석	巾부/총10획
石	돌 석	石부/총5획
速	빠를 속	辶부/총11획
孫	손자 손	子부/총10획
樹	나무 수	木부/총16획
習	익힐 습	羽부/총11획
勝	이길 승	力부/총12획
式	법 식	弋부/총6획
失	잃을 실	大부/총5획
愛	사랑 애	心부/총13획
夜	밤 야	夕부/총8획
野	들 야	里부/총11획
陽	볕 양	阜(阝)부/총12획

섞음 漢字 사용법

1. 뒷면 47쪽부터는 섞음漢字이므로 먼저 이것들을 가로, 세로를 좇아 읽기를 반복하여
   전체를 잘읽을줄 알아야 합니다.

2. '섞음漢字'(21쪽)와 '섞음漢字훈음표'(20쪽)는 그 번호가 서로 같습니다. 검사하면서 모르는
   漢字는 적당한 양만큼 가려내서 '섞음漢字훈음표'(45쪽)를 보고 확인한 다음 3번씩 써보면서
   외우세요.

3. 이런 방법으로 자주 반복해서 하고 결국은 모두 다 알 수 있도록 한다음 연습문제와
   예상문제 그리고 기출문제를 풀어가면 됩니다.

   ※ 그러나 '섞음漢字'의 암기가 잘 안되는 학생이 어쩌다가 있을수가 있습니다. 이럴때는
      연습분야를 함께 해가면서 '섞음漢字'를 암기토록 하고 별도로 '섞음漢字'만을 숙제로
      내주면 효과적입니다. '섞음漢字' 숙제를 전학생에게 확장시키면 더욱 좋습니다.

   ※ 섞음漢字 사용은 배정漢字를 제대로 알기 위한 최선의 방법입니다.
      배정漢字 300字(13쪽~) 과정을 끝내고 난 다음에 섞음漢字 과정을 해야 합니다.

   ※ 배정漢字의 암기가 잘됐다고 할수 있는 기준은 13쪽~에 있는 가, 나, 다...순의 읽기가
      아니고 섞음漢字의 읽기를 기준으로 삼아야 합니다.
      섞음漢字는 필요할때마다 가끔씩 해야합니다.

   ※ 배정漢字가 잘 암기되어야만 해당 漢字를 잘 활용할수 있고 문제를 잘 풀수 있습니다.

   ※ 섞음漢字를 능히 잘 읽을수 있게 되면 이 속에 들어있는 漢字들이 급수시험이나 신문,
      기타 다른 책에서 나오더라도 거뜬히 읽을수 있게 될것입니다.
      그러나 어문회 급수시험은 이것으로 합격할수 있다고 할수 없으며 앞으로도 쓰기
      문제와 기타 각 유형별 활용공부를 잘할수 있어야 하는데 이런것들은 연습분야와 예상
      문제를 통해서 충분한 실력을 쌓게 될것입니다.

어문회 한자능력검정시험 6급 석음漢字(배정漢字) 훈음표

1 校 학교교	31 五 다섯오	61 氣 기운기	91 上 윗상	121 正 바를정	151 各 각각각	181 對 대할대	211 服 옷복	241 野 들야	271 定 정할정
2 教 가르칠교	32 王 임금왕	62 男 사내남	92 色 빛색	122 祖 할아비조	152 角 뿔각	182 待 기다릴대	212 本 근본본	242 弱 약할약	272 庭 뜰정
3 九 아홉구	33 外 바깥외	63 內 안내	93 夕 저녁석	123 足 발족	153 感 느낄감	183 圖 그림도	213 部 떼부	243 藥 약약	273 題 제목제
4 國 나라국	34 月 달월	64 農 농사농	94 姓 성성	124 左 왼좌	154 强 강할강	184 度 법도도 헤아릴탁	214 分 나눌분	244 陽 볕양	274 第 차례제
5 軍 군사군	35 二 두이	65 答 대답할답	95 世 인간세	125 主 임금주 주인주	155 開 열개	185 讀 읽을독	215 使 하여금사 부릴사	245 洋 큰바다양	275 朝 아침조
6 金 쇠금 성김	36 人 사람인	66 道 길도	96 少 적을소	126 住 살주	156 京 서울경	186 童 아이동	216 社 모일사	246 言 말씀언	276 族 겨레족
7 南 남녘남	37 一 한일	67 冬 겨울동	97 所 바소	127 重 무거울중	157 界 지경계	187 頭 머리두	217 死 죽을사	247 業 업업	277 注 부을주
8 女 계집녀	38 日 날일	68 動 움직일동	98 手 손수	128 地 따지	158 計 셀계	188 等 무리등	218 書 글서	248 永 길영	278 晝 낮주
9 年 해년	39 長 긴장	69 同 한가지동	99 數 셈수	129 紙 종이지	159 古 예고	189 樂 즐길락 노래악	219 席 자리석	249 英 꽃부리영	279 集 모일집
10 大 큰대	40 弟 아우제	70 洞 골동 밝을통	100 時 때시	130 直 곧을직	160 苦 쓸고	190 例 법식례	220 石 돌석	250 溫 따뜻할온	280 窓 창창
11 東 동녘동	41 中 가운데중	71 登 오를등	101 市 저자시	131 千 일천천	161 高 높을고	191 禮 예도례	221 線 줄선	251 勇 날랠용	281 淸 맑을청
12 六 여섯륙	42 靑 푸를청	72 來 올래	102 植 심을식	132 天 하늘천	162 共 한가지공	192 路 길로	222 雪 눈설	252 用 쓸용	282 體 몸체
13 萬 일만만	43 寸 마디촌	73 力 힘력	103 食 밥식 먹을식	133 川 내천	163 公 공평할공	193 綠 푸를록	223 成 이룰성	253 運 옮길운	283 親 친할친
14 母 어미모	44 七 일곱칠	74 老 늙을로	104 心 마음심	134 草 풀초	164 功 공공	194 利 이할리	224 省 살필성 덜생	254 園 동산원	284 太 클태
15 木 나무목	45 土 흙토	75 里 마을리	105 安 편안할안	135 村 마을촌	165 果 실과과	195 李 오얏리 성리	225 消 사라질소	255 遠 멀원	285 通 통할통
16 門 문문	46 八 여덟팔	76 林 수풀림	106 語 말씀어	136 秋 가을추	166 科 과목과	196 理 다스릴리	226 速 빠를속	256 油 기름유	286 特 특별할특
17 民 백성민	47 學 배울학	77 立 설립	107 然 그럴연	137 春 봄춘	167 光 빛광	197 明 밝을명	227 孫 손자손	257 由 말미암을유	287 表 겉표
18 白 흰백	48 韓 한국한 나라한	78 每 매양매	108 午 낮오	138 出 날출	168 交 사귈교	198 目 눈목	228 樹 나무수	258 銀 은은	288 風 바람풍
19 父 아비부	49 兄 형형	79 面 낯면	109 右 오른쪽우	139 便 편할편 똥오줌변	169 區 구분할구 지경구	199 聞 들을문	229 術 재주술	259 音 소리음	289 合 합할합
20 北 북녘북 달아날배	50 火 불화	80 名 이름명	110 有 있을유	140 平 평평할평	170 球 공구	200 米 쌀미	230 習 익힐습	260 飮 마실음	290 幸 다행행
21 四 넉사	51 家 집가	81 命 목숨명	111 育 기를육	141 下 아래하	171 郡 고을군	201 美 아름다울미	231 勝 이길승	261 衣 옷의	291 行 다닐행 항렬항
22 山 메산	52 歌 노래가	82 問 물을문	112 邑 고을읍	142 夏 여름하	172 近 가까울근	202 朴 성박	232 始 비로소시	262 意 뜻의	292 向 향할향
23 三 석삼	53 間 사이간	83 文 글월문	113 入 들입	143 漢 한수한 한나라한	173 根 뿌리근	203 半 반반	233 式 법식	263 醫 의원의	293 現 나타날현
24 生 날생	54 江 강강	84 物 물건물	114 子 아들자	144 海 바다해	174 今 이제금	204 反 돌이킬반	234 神 귀신신	264 者 놈자	294 形 모양형
25 西 서녘서	55 車 수레거(차)	85 方 모방	115 字 글자자	145 花 꽃화	175 級 등급급	205 班 나눌반	235 信 믿을신	265 作 지을작	295 號 이름호
26 先 먼저선	56 工 장인공	86 百 일백백	116 自 스스로자	146 話 말씀화	176 急 급할급	206 發 필발	236 新 새신	266 昨 어제작	296 和 화할화
27 小 작을소	57 空 빌공	87 夫 지아비부	117 場 마당장	147 活 살활	177 多 많을다	207 放 놓을방	237 身 몸신	267 章 글장	297 畫 그림화 그을획
28 水 물수	58 口 입구	88 不 아닐불	118 全 온전할전	148 孝 효도효	178 短 짧을단	208 番 차례번	238 失 잃을실	268 在 있을재	298 黃 누를황
29 室 집실	59 旗 기기	89 事 일사	119 前 앞전	149 後 뒤후	179 堂 집당	209 別 다를별 나눌별	239 愛 사랑애	269 才 재주재	299 會 모일회
30 十 열십	60 記 기록할기	90 算 셈산	120 電 번개전	150 休 쉴휴	180 代 대신할대	210 病 병병	240 夜 밤야	270 戰 싸움전	300 訓 가르칠훈

農	答	區	西	邑	班	形	身	室	者
64	65	169	25	112	205	294	237	29	264
直	里	每	車	十	月	行	死	童	號
130	75	78	55	30	34	291	217	186	295
式	功	道	電	氷	正	第	定	大	休
233	164	66	120	248	121	274	271	10	150
今	多	注	老	面	空	反	夫	千	祖
174	177	277	74	79	57	204	87	131	122
朴	村	白	春	寸	自	病	京	洋	花
202	135	18	137	43	116	210	156	245	145
理	由	和	明	午	話	言	愛	飮	旗
196	257	296	197	108	146	246	239	260	59
半	美	速	上	敎	門	育	共	對	所
203	201	226	91	2	16	111	162	181	97
生	秋	成	果	業	朝	中	禮	語	金
24	136	223	165	247	275	41	191	106	6
科	家	算	作	人	球	時	市	米	兄
166	51	90	265	36	170	100	101	200	49
方	六	外	漢	來	場	度	發	勝	住
85	12	33	143	72	117	184	206	231	126

者	室	身	形	班	邑	西	區	答	農
264	29	237	294	205	112	25	169	65	64
號	童	死	行	月	十	車	每	里	直
295	186	217	291	34	30	55	78	75	130
休	大	定	第	正	氷	電	道	功	式
150	10	271	274	121	248	120	66	164	233
祖	千	夫	反	空	面	老	注	多	今
122	131	87	204	57	79	74	277	177	174
花	洋	京	病	自	寸	春	白	村	朴
145	245	156	210	116	43	137	18	135	202
旗	飮	愛	言	話	午	明	和	由	理
59	260	239	246	146	108	197	296	257	196
所	對	共	育	門	敎	上	速	美	半
97	181	162	111	16	2	91	226	201	203
金	語	禮	中	朝	業	果	成	秋	生
6	106	191	41	275	247	165	223	136	24
兄	米	市	時	球	人	作	算	家	科
49	200	101	100	170	36	265	90	51	166
住	勝	發	度	場	來	漢	外	六	方
126	231	206	184	117	72	143	33	12	85

有	樹	草	頭	銀	紙	樂	一	百	李
110	228	134	187	258	129	189	37	86	195
公	本	數	根	問	別	右	級	陽	海
163	212	99	173	82	209	109	175	244	144
藥	同	力	路	體	內	入	弱	神	重
243	69	73	192	282	63	113	242	234	127
小	出	天	合	色	油	畫	校	記	地
27	138	132	289	92	256	297	1	60	128
弟	四	林	開	遠	三	在	利	左	庭
40	21	76	155	255	23	268	194	124	272
族	雪	表	姓	日	會	軍	省	五	運
276	222	287	94	38	299	5	224	31	253
失	感	火	夜	戰	新	題	民	界	部
238	153	50	240	270	236	273	17	157	213
現	石	昨	太	綠	線	席	向	交	口
293	220	266	284	193	221	219	292	168	58
習	學	歌	後	計	用	角	北	名	夕
230	47	52	149	158	252	152	20	80	93
士	近	間	高	衣	短	植	山	男	冬
45	172	53	161	261	178	102	22	62	67

李	百	一	樂	紙	銀	頭	草	樹	有
195	86	37	189	129	258	187	134	228	110
海	陽	級	右	別	問	根	數	本	公
144	244	175	109	209	82	173	99	212	163
重	神	弱	入	內	體	路	力	同	藥
127	234	242	113	63	282	192	73	69	243
地	記	校	畫	油	色	合	天	出	小
128	60	1	297	256	92	289	132	138	27
庭	左	利	在	三	遠	開	林	四	弟
272	124	194	268	23	255	155	76	21	40
運	五	省	軍	會	日	姓	表	雪	族
253	31	224	5	299	38	94	287	222	276
部	界	民	題	新	戰	夜	火	感	失
213	157	17	273	236	270	240	50	153	238
口	交	向	席	線	綠	太	昨	石	現
58	168	292	219	221	193	284	266	220	293
夕	名	北	角	用	計	後	歌	學	習
93	80	20	152	252	158	149	52	47	230
冬	男	山	植	短	衣	高	間	近	土
67	62	22	102	178	261	161	53	172	45

孫	九	食	心	醫	訓	國	服	音	韓
227	3	103	104	263	300	4	211	259	48
術	動	木	八	然	長	待	例	立	七
229	68	15	46	107	39	182	190	77	44
古	目	書	安	命	黃	番	幸	親	光
159	198	218	105	81	298	208	290	283	167
川	前	園	强	事	信	始	堂	章	二
133	119	254	154	89	235	232	179	267	35
孝	字	放	夏	意	母	子	分	溫	女
148	115	207	142	262	14	114	214	250	8
特	集	少	淸	主	登	水	才	社	靑
286	279	96	281	125	71	28	269	216	42
先	王	不	風	工	使	野	晝	急	下
26	32	88	288	56	215	241	278	176	141
江	便	郡	聞	洞	氣	苦	圖	南	活
54	139	171	199	70	61	160	183	7	147
英	手	平	各	萬	勇	消	全	文	物
249	98	140	151	13	251	225	118	83	84
年	足	等	父	東	世	通	讀	代	窓
9	123	188	19	11	95	285	185	180	280

※ 섞음漢字의 암기가 끝날 무렵에는 各 漢字밑에 訓·音을 써보세요.

韓	音	服	國	訓	醫	心	食	九	孫
48	259	211	4	300	263	104	103	3	227
七	立	例	待	長	然	八	木	動	術
44	77	190	182	39	107	46	15	68	229
光	親	幸	番	黃	命	安	書	目	古
167	283	290	208	298	81	105	218	198	159
二	章	堂	始	信	事	強	園	前	川
35	267	179	232	235	89	154	254	119	133
女	溫	分	子	母	意	夏	放	字	孝
8	250	214	114	14	262	142	207	115	148
青	社	才	水	登	主	淸	少	集	特
42	216	269	28	71	125	281	96	279	286
下	急	畫	野	使	工	風	不	王	先
141	176	278	241	215	56	288	88	32	26
活	南	圖	苦	氣	洞	聞	郡	便	江
147	7	183	160	61	70	199	171	139	54
物	文	全	消	勇	萬	各	平	手	英
84	83	118	225	251	13	151	140	98	249
窓	代	讀	通	世	東	父	等	足	年
280	180	185	285	95	11	19	188	123	9

반대자, 상대자

各 (각각 각) ↔ 合 (합할 합)
江 (강 강) ↔ 山 (메 산)
强 (강할 강) ↔ 弱 (약할 약)
苦 (쓸 고) ↔ 樂 (즐길 락)
古 (예 고) ↔ 今 (이제 금)
空 (빌 공) ↔ 有 (있을 유)
空 (빌 공) ↔ 在 (있을 재)
敎 (가르칠 교) ↔ 學 (배울 학)
男 (사내 남) ↔ 女 (계집 녀)
南 (남녘 남) ↔ 北 (북녘 북)
內 (안 내) ↔ 外 (바깥 외)
多 (많을 다) ↔ 少 (적을 소)
大 (큰 대) ↔ 小 (작을 소)
冬 (겨울 동) ↔ 夏 (여름 하)
東 (동녘 동) ↔ 西 (서녘 서)
同 (한가지 동) ↔ 別 (다를 별)
老 (늙을 로) ↔ 少 (젊을 소)
問 (물을 문) ↔ 答 (대답할 답)
民 (백성 민) ↔ 王 (임금 왕)
班 (나눌 반) ↔ 合 (합할 합)
父 (아비 부) ↔ 母 (어미 모)
分 (나눌 분) ↔ 合 (합할 합)
死 (죽을 사) ↔ 活 (살 활)
山 (메 산) ↔ 川 (내 천)

上 (위 상) ↔ 下 (아래 하)
生 (날 생) ↔ 死 (죽을 사)
先 (먼저 선) ↔ 後 (뒤 후)
水 (물 수) ↔ 火 (불 화)
手 (손 수) ↔ 足 (발 족)
新 (새 신) ↔ 古 (예 고)
心 (마음 심) ↔ 體 (몸 체)
心 (마음 심) ↔ 身 (몸 신)
言 (말씀 언) ↔ 行 (행할 행)
永 (길 영) ↔ 短 (짧을 단)
遠 (멀 원) ↔ 近 (가까울 근)
有 (있을 유) ↔ 無 (없을 무)
日 (날 일) ↔ 月 (달 월)
長 (긴 장) ↔ 短 (짧을 단)
前 (앞 전) ↔ 後 (뒤 후)
祖 (할아비 조) ↔ 孫 (손자 손)
朝 (아침 조) ↔ 夕 (저녁 석)
左 (왼 좌) ↔ 右 (오른 우)
晝 (낮 주) ↔ 夜 (밤 야)
天 (하늘 천) ↔ 地 (따 지)
春 (봄 춘) ↔ 秋 (가을 추)
出 (날 출) ↔ 入 (들 입)
合 (합할 합) ↔ 別 (나눌 별)
現 (나타날 현) ↔ 消 (사라질 소)
兄 (형 형) ↔ 弟 (아우 제)
和 (화할 화) ↔ 戰 (싸울 전)

家 (집 가)	=	堂 (집 당)
家 (집 가)	=	室 (집 실)
歌 (노래 가)	=	樂 (노래 악)
界 (지경 계)	=	區 (지경 구)
計 (셈할 계)	=	算 (셈할 산)
計 (셈할 계)	=	數 (셈할 수)
共 (한가지 공)	=	同 (한가지 동)
光 (빛 광)	=	色 (빛 색)
敎 (가르칠 교)	=	訓 (가르칠 훈)
郡 (고을 군)	=	邑 (고을 읍)
根 (뿌리 근)	=	本 (근본 본)
急 (급할 급)	=	速 (빠를 속)
堂 (집 당)	=	室 (집 실)
度 (법도 도)	=	例 (법식 례)
度 (법도 도)	=	式 (법 식)
道 (길 도)	=	路 (길 로)
文 (글월 문)	=	章 (글월 장)
文 (글월 문)	=	書 (글 서)
班 (나눌 반)	=	別 (나눌 별)
分 (나눌 분)	=	別 (나눌 별)
社 (모일 사)	=	會 (모일 회)
社 (모일 사)	=	集 (모일 집)
算 (셈할 산)	=	數 (셈할 수)

生 (살 생)	=	活 (살 활)
先 (먼저 선)	=	前 (앞 전)
樹 (나무 수)	=	林 (수풀 림)
樹 (나무 수)	=	木 (나무 목)
術 (재주 술)	=	才 (재주 재)
式 (법 식)	=	例 (법식 례)
身 (몸 신)	=	體 (몸 체)
言 (말씀 언)	=	語 (말씀 어)
言 (말씀 언)	=	話 (말씀 화)
永 (길 영)	=	遠 (멀 원)
午 (낮 오)	=	晝 (낮 주)
有 (있을 유)	=	在 (있을 재)
衣 (옷 의)	=	服 (옷 복)
長 (긴 장)	=	永 (길 영)
正 (바를 정)	=	直 (곧을 직)
第 (차례 제)	=	番 (차례 번)
主 (임금 주)	=	王 (임금 왕)
村 (마을 촌)	=	里 (마을 리)
土 (흙 토)	=	地 (따 지)
海 (바다 해)	=	洋 (큰바다 양)
號 (이름 호)	=	名 (이름 명)
畫 (그림 화)	=	圖 (그림 도)

동음이의자

음은 같으나 뜻이 다른 漢字

가	歌	노래 가
	家	집 가
각	角	뿔 각
	各	각각 각
강	強	강할 강
	江	강 강
계	計	셀 계
	界	지경 계
고	古	예 고
	苦	쓸 고
	高	높을 고
공	共	한가지 공
	公	공평할 공
	功	공 공
	空	빌 공
	工	장인 공
과	果	실과 과
	科	과목 과
교	交	사귈 교
	校	학교 교
	敎	가르칠 교
구	九	아홉 구
	區	구분할 구
	口	입 구

구	球	공 구
군	軍	군사 군
	郡	고을 군
근	根	뿌리 근
	近	가까울 근
금	今	이제 금
	金	쇠 금
급	急	급할 급
	級	등급 급
기	氣	기운 기
	旗	기 기
	記	기록할 기
남	南	남녘 남
	男	사내 남
대	大	큰 대
	對	대할 대
	待	기다릴 대
	代	대신 대
도	圖	그림 도
	度	법도 도
	道	길 도
동	冬	겨울 동
	同	한가지 동
	動	움직일 동

동	洞	골 동
	東	동녘 동
	童	아이 동
등	等	무리 등
	登	오를 등
례	例	법식 례
	禮	예도 례
로	路	길 로
	老	늙을 로
리	利	이할 리
	李	오얏/성 리
	里	마을 리
	理	다스릴 리
명	名	이름 명
	命	목숨 명
	明	밝을 명
목	目	눈 목
	木	나무 목
문	問	물을 문
	文	글월 문
	聞	들을 문
	門	문 문
미	美	아름다울 미
	米	쌀 미

반	半	반 반
	反	돌이킬 반
	班	나눌 반
방	放	놓을 방
	方	모 방
백	百	일백 백
	白	흰 백
부	夫	지아비 부
	部	떼 부
	父	아비 부
사	四	넉 사
	使	하여금/부릴 사
	事	일 사
	社	모일 사
	死	죽을 사
산	山	메 산
	算	셈 산
서	書	글 서
	西	서녘 서
석	石	돌 석
	席	자리 석
	夕	저녁 석
선	先	먼저 선
	線	줄 선

성	成	이룰 성
	姓	성 성
	省	살필 성
소	小	작을 소
	消	사라질 소
	少	적을 소
	所	바 소
수	數	셈 수
	手	손 수
	樹	나무 수
	水	물 수
시	始	비로소 시
	市	저자 시
	時	때 시
식	式	법 식
	食	밥/먹을 식
	植	심을 식
신	信	믿을 신
	新	새 신
	神	귀신 신
	身	몸 신
실	失	잃을 실
	室	집 실
야	夜	밤 야
	野	들 야

약	弱	약할 약
	藥	약 약
양	陽	볕 양
	洋	큰바다 양
영	永	길 영
	英	꽃부리 영
오	午	낮 오
	五	다섯 오
용	勇	날랠 용
	用	쓸 용
원	園	동산 원
	遠	멀 원
유	有	있을 유
	油	기름 유
	由	말미암을 유
음	音	소리 음
	飮	마실 음
의	衣	옷 의
	意	뜻 의
	醫	의원 의
일	一	한 일
	日	날 일
자	字	글자 자
	子	아들 자
	者	놈 자

	自	스스로 자
작	作	지을 작
	昨	어제 작
장	場	마당 장
	長	긴 장
	章	글월 장
재	在	있을 재
	才	재주 재
전	全	온전할 전
	戰	싸움 전
	前	앞 전
	電	번개 전
정	定	정할 정
	庭	뜰 정
	正	바를 정
제	第	차례 제
	弟	아우 제
	題	제목 제
조	朝	아침 조
	祖	할아비 조
족	足	발 족
	族	겨레 족
주	主	주인 주
	住	살 주
	注	부을 주

주	晝	낮 주
중	中	가운데 중
	重	무거울 중
지	紙	종이 지
	地	따 지
천	千	일천 천
	川	내 천
	天	하늘 천
청	淸	맑을 청
	靑	푸를 청
촌	寸	마디 촌
	村	마을 촌
하	夏	여름 하
	下	아래 하
한	漢	한수/한나라 한
	韓	한국/나라 한
행	行	다닐 행
	幸	다행 행
형	兄	형 형
	形	모양 형
화	和	화할 화
	花	꽃 화
	火	불 화
	話	말씀 화
	畫	그림 화

六級 漢字語(단어) 쓰기겸 단어활용 I

※ 6급 쓰기문제는 7급 배정漢字 150字 범위내에서 출제됩니다.

※ 여기에는 '6급 쓰기' 범위내에서 조성된 300單語를 I·II로 나누어서 중복되지 않게 수록하였습니다.
※ 될수있는대로 많이 써 보고 이 單語들의 뜻을 잘 파악하여 숙지하고 활용하므로써 여러분의 언어 능력이 향상될 수 있도록 하세요.

※ 다음 漢字語를 5회이상 써보고 익히세요.

1. 家口 (가구)
   집안 식구

2. 家長 (가장)
   집안의 어른

3. 歌手 (가수)
   노래부르는것을 직업으로 삼는 사람

4. 江山 (강산)
   강과 산

5. 車道 (차도)
   차가 다니는 길

6. 車線 (차선)
   한개의 차량이 지나가도록 만들어진 선

7. 工夫 (공부)
   학문을 익힘

8. 工場 (공장)
   필요한 생산품을 만드는 곳

9. 空軍 (공군)
   하늘을 지키는 군대

10. 空氣 (공기)
    지구를 둘러싸고 있는 기체

11. 空中 (공중)
    하늘과 땅사이의 빈 곳

12. 校歌 (교가)
    학교를 상징하는 노래

13. 九天 (구천)
    가장 높은 하늘

14. 國旗 (국기)
    나라를 상징하는 깃발

15. 國力 (국력)
    나라가 지니고 있는 힘

16. 國民 (국민)
    국가를 구성하는 사람들

17. 記事 (기사)
    사실을 적음

18. 旗手 (기수)
    기를 들고 신호하는 사람

19. 南風 (남풍)
    남쪽에서 불어오는 바람

20. 南道 (남도)
    남쪽에 있는 도

21. 男女 (남녀)
    남자와 여자

22. 男子 (남자)
    남성인 사람

23. 內室 (내실)
    아낙네가 거처하는 방

24. 內面 (내면)
    물건의 안쪽

25. 內心 (내심)
    속마음

26. 女子 (여자)
    여성인 사람

27. 女王 (여왕)
    여자 임금

28. 年間 (연간)
    한해동안

29. 年中 (연중)
    한해동안

30. 農家 (농가)
    농부의 집

31. 農村 (농촌)
    농사짓는 마을

32. 農事 (농사)
    과채류나 곡식을 기르고 거두는 일

33. 大道 (대도)
    큰 길

34. 大地 (대지)
    넓고 큰 땅

35. 大國 (대국)
    국토가 넓고 국력이 강한 나라

36. 道場 (도장)
    검도나 유도, 태권도 등을 배우는 곳

37. 東海 (동해)
    동쪽에 있는 바다

38. 東西 (동서)
    동쪽과 서쪽

39. 同時 (동시)
    같은 시간

40. 洞民 (동민)
    한동네 사람

※ 다음 漢字語를 5회이상 써보고 익히세요.

41. 洞里 (동리)
동과 리

42. 登校 (등교)
학교에 감

43. 登場 (등장)
무대같은데에 나옴

44. 來年 (내년)
올해의 다음해

45. 力道 (역도)
역기를 들어올리는 운동

46. 老母 (노모)
늙은 어머니

47. 里長 (이장)
동리의 사무를 맡아본 사람

48. 立國 (입국)
나라를 세움

49. 立場 (입장)
당하고 있는 처지

50. 萬物 (만물)
세상에 있는 모든 것

51. 每年 (매년)
해마다

52. 面前 (면전)
눈앞

53. 名山 (명산)
유명한 산

54. 命中 (명중)
겨냥한곳에 바로 맞음

55. 人命 (인명)
사람의 목숨

56. 母女 (모녀)
어머니와 딸

57. 母國 (모국)
자기가 태어난 나라

58. 母校 (모교)
자기가 졸업한 학교

59. 木工 (목공)
나무를 다루어서 물건을 만드는 일

60. 木手 (목수)
나무를 다루어서 집이나 물건을 만든 사람

61. 文人 (문인)
시, 소설 따위를 쓰는 사람

62. 問答 (문답)
묻고 대답함

63. 民心 (민심)
백성의 마음

64. 白花 (백화)
흰 꽃

65. 白紙 (백지)
아무것도 쓰지 않는 흰종이

66. 百方 (백방)
온갖 방법

67. 父子 (부자)
아버지와 아들

68. 父母 (부모)
아버지와 어머니

69. 北韓 (북한)
남북으로 갈린 우리나라의 북쪽

70. 不正 (부정)
바르지 못함

71. 不孝 (불효)
어버이를 잘섬기지 못하는 행위

72. 四方 (사방)
동서남북

73. 四海 (사해)
사방의 바다

74. 事後 (사후)
무슨 일을 해버린 뒤

75. 山林 (산림)
산에 우거진 숲

76. 算數 (산수)
셈공부

77. 上空 (상공)
높은 하늘

78. 上水道 (상수도)
도시의 음료수를 제공하는 설비

79. 生命 (생명)
사람의 목숨

80. 生活 (생활)
일정한 환경에서 활동하며 살아감

※ 다음 漢字語를 5회이상 써보고 익히세요.

81. 西方 (서방)
서쪽지방

82. 西海 (서해)
서쪽에 있는 바다

83. 先手 (선수)
바둑, 장기에서 먼저 놓거나 두는 일

84. 先後 (선후)
먼저와 나중

85. 先祖 (선조)
먼저 산 조상

86. 姓名 (성명)
성과 이름

87. 世上 (세상)
사람이 살고 있는 온누리

88. 少年 (소년)
아직 완전히 성숙하지 못한 어린사내아이

89. 少女 (소녀)
아직 완전히 성숙하지 못한 여자아이

90. 水草 (수초)
물에서 자라는 풀

91. 水上 (수상)
물의 위

92. 手工 (수공)
손으로 만든 공예

93. 手足 (수족)
손과 발

94. 市內 (시내)
시의 구역안

95. 市場 (시장)
여러가지 상품을 사고파는 일정한 장소

96. 時間 (시간)
세월의 흐름

97. 食口 (식구)
한 집안에 살며 끼니를 함께한 사람

98. 食事 (식사)
끼니로 음식을 먹음

99. 植木 (식목)
나무를 심음

100. 植物 (식물)
온갖 나무나 풀 따위

101. 室內 (실내)
방이나 건물안

102. 安心 (안심)
마음이 편안함

103. 自然 (자연)
산천초목과 같은 자연물

104. 午後 (오후)
낮 12시부터 밤 12시까지의 시간

105. 王子 (왕자)
왕의 아들

106. 王室 (왕실)
왕의 집안

107. 外食 (외식)
자기집 아닌 밖에서 식사함

108. 邑內 (읍내)
고을안

109. 邑民 (읍민)
읍내에 사는 백성

110. 人面 (인면)
사람의 얼굴

111. 日氣 (일기)
날씨

112. 日記 (일기)
날마다 겪었던 일이나 생각을 기록함.

113. 入學 (입학)
학교에 처음 들어감

114. 自立 (자립)
남의 힘을 입지 않고 스스로 일어섬

115. 自白 (자백)
스스로의 죄를 고백함

116. 子女 (자녀)
아들과 딸

117. 子正 (자정)
밤 12시

118. 長女 (장녀)
맏딸

119. 電力 (전력)
전기의 힘

120. 全國 (전국)
온나라

※ 다음 漢字語를 5회이상 써보고 익히세요.

121. 全力 (전력)
온 힘

122. 全校 (전교)
학교 전체

123. 前後 (전후)
앞뒤

124. 弟子 (제자)
선생에게 배우는 사람

125. 祖上 (조상)
어버이 위로 대대의 어른

126. 朝夕 (조석)
아침과 저녁

127. 左右 (좌우)
왼쪽과 오른쪽

128. 主人 (주인)
임자

129. 主食 (주식)
주가 되는 음식

130. 住民 (주민)
일정한 지역에 살고 있는 사람

131. 中間 (중간)
두 사물의 사이

132. 重大 (중대)
중요하고 큼

133. 地方 (지방)
수도 이외의 시골

134. 直立 (직립)
똑바로 섬

135. 千秋 (천추)
먼 세월

136. 天國 (천국)
하늘나라

137. 靑色 (청색)
푸른색

138. 草食 (초식)
푸성귀로 만들어진 음식

139. 草家 (초가)
볏짚, 밀짚 등으로 지붕을 인집

140. 秋夕 (추석)
한가위, 음력 8월 15일

141. 出口 (출구)
나가는 문

142. 出生 (출생)
세상에 태어남

143. 土地 (토지)
땅

144. 便紙 (편지)
전하고 싶은 말을 종이에 적어 보냄

145. 平面 (평면)
평평한 표면

146. 平生 (평생)
일생동안

147. 下校 (하교)
공부를 끝내고 학교에서 집으로 돌아옴

148. 下山 (하산)
산에서 내려옴

149. 下水 (하수)
가정에서 흘러나오는 더러운 물

140. 下問 (하문)
아랫사람에게 물음

151. 學年 (학년)
학생들의 햇수로 구분한 단계

152. 韓國 (한국)
우리나라, 대한민국

153. 漢江 (한강)
서울 한복판을 흐르는 강

154. 海上 (해상)
바다 위

155. 海軍 (해군)
바다를 지키는 군대

156. 海女 (해녀)
바닷속에서 조개나 미역 등을 따는일을 업으로 삼는 여자

157. 花草 (화초)
꽃과 풀

158. 畵家 (화가)
그림 그리는 일을 직업으로 삼는 사람

159. 孝道 (효도)
부모를 잘 섬기는 도리

160. 後方 (후방)
향하고 있는 방향과 반대 방향

※ 쓰기점검을 해보세요. 31~34쪽의 漢字語의 讀音을 몇차례 나누어서 써놓고
그 밑에 漢字를 틀리지 않게 써보세요.

六級 漢字語(단어) 쓰기겸 단어활용 Ⅱ

※ 다음 漢字로 된 漢字語(단어)를 5회이상 쓰면서 익히세요.

1. 가문 (家門)
집안 또는 그 집안의 사회적 지위

2. 가사 (家事)
집안일

3. 간식 (間食)
끼니 외에 먹는 음식

4. 강산 (江山)
강과 산

5. 공군 (空軍)
주로 공중에서 공격과 방어의 임무를 수행하는 군대.

6. 공사 (工事)
토목, 건축 등의 일

7. 공장 (工場)
상품을 생산하는 곳

8. 공중 (空中)
하늘과 땅 사이의 빈곳

9. 교문 (校門)
학교의 정문

10. 교실 (教室)
학교에서 학생들이 수업하는 방

11. 교육 (教育)
가르치고 지도하는 일

12. 교장 (校長)
학교의 우두머리

13. 국가 (國家)
나라

14. 국군 (國軍)
한 나라를 지키는 군대

15. 국어 (國語)
한 나라의 국민이 쓰는 말

16. 국토 (國土)
한 나라의 땅

17. 국화 (國花)
나라를 상징하는 꽃(우리나라 국화는 무궁화)

18. 군가 (軍歌)
군대의 노래

19. 군인 (軍人)
군대에서 복무하는 사람

20. 금년 (今年)
올해

21. 금일 (今日)
오늘

22. 기입 (記入)
적어 넣음

23. 남북 (南北)
남쪽과 북쪽

24. 남산 (南山)
남쪽에 위치한 산

25. 남편 (男便)
혼인을 하여 여자의 짝이 된 남자

26. 남한 (南韓)
남북으로 분단된 대한민국의 남쪽지역

27. 내일 (來日)
오늘의 다음날

28. 노인 (老人)
늙은이

29. 농부 (農夫)
농사짓는 사람

30. 농장 (農場)
농업을 경영하는 농지

31. 답서 (答書)
답장

32. 대학 (大學)
최고 교육기관의 하나

33. 도로 (道路)
사람, 차 따위가 다니는 길

34. 동리 (洞里)
동네, 마을

35. 동방 (東方)
동쪽에 있는 나라

36. 동물 (動物)
움직이며 살아가는 생명체

37. 동방 (東方)
동쪽지방

38. 동생 (同生)
아우

39. 동성 (同姓)
성씨가 같음

40. 동장 (洞長)
동사무소의 우두머리

※ 다음 漢字로 된 漢字語(단어)를 5회이상 쓰면서 익히세요.

41. 동해 (東海)
동쪽바다

42. 등교 (登校)
학교에 감

43. 만국 (萬國)
세계의 모든 나라

44. 매일 (每日)
날마다

45. 명명 (命名)
이름지어 붙임

46. 명소 (名所)
이름난 곳

47. 명물 (名物)
이름난 물건

48. 문답 (問答)
묻고 대답함

49. 문안 (問安)
웃어른에게 안부를 물음

50. 문인 (門人)
제자

51. 물심 (物心)
물질과 마음

52. 민주 (民主)
국민이 으뜸이 되는 나라

53. 백금 (白金)
흰 금

54. 백기 (白旗)
항복의 뜻으로 쓰는 흰기

55. 백만 (百萬)
만의 백배가 되는 수

56. 백일 (百日)
아이가 태어난 날로부터 백 번째 되는 날.

57. 변소 (便所)
화장실

58. 부족 (不足)
모자람

59. 산림 (山林)
산속의 숲

60. 산천 (山川)
산과 내

61. 삼천 (三千)
천의 세배가 되는 수

62. 삼촌 (三寸)
아버지의 형제들

63. 생가 (生家)
태어난 집

64. 생명 (生命)
사람의 목숨

65. 생일 (生日)
자기가 태어난 날

66. 생전 (生前)
살아있을 때

67. 생활 (生活)
생명을 가지고 활동함

68. 서문 (西門)
서쪽에 있는 문

69. 서풍 (西風)
서쪽에서 불어오는 바람

70. 성명 (姓名)
성씨와 이름

71. 선생 (先生)
학생을 가르치는 사람

72. 세계 (世界)
지구상의 모든 나라

73. 소년 (少年)
아직 성숙하지 아니한 아이

74. 수공 (手工)
사람의 손으로 만듬

75. 수학 (數學)
숫자를 응용한 학문

76. 수화 (手話)
손짓으로 하는 말

77. 식수 (食水)
먹는 물

78. 식사 (食事)
음식을 먹음

79. 실외 (室外)
건물 따위의 밖

80. 안주 (安住)
편안히 삶

81. 역도 (力道)
역기를 들어 올리는 운동

82. 오전 (午前)
밤 12시에서 낮 12시 사이

83. 외국 (外國)
자기 나라가 아닌 다른 나라

84. 유명 (有名)
이름이 널리 알려짐

85. 외출 (外出)
밖에 나감

86. 이중 (二重)
두겹

87. 인간 (人間)
사람

88. 인부 (人夫)
품삯을 받고 일하는 사람

89. 인심 (人心)
사람의 마음

90. 일생 (一生)
태어나서 죽을 때까지

※ 다음 漢字로 된 漢字語(단어)를 5회이상 쓰면서 익히세요.

91. 입주 (入住)
새로 지은 집 등에 들어가 삶

92. 입춘 (立春)
봄이 시작되는 양력 2월 4일경

93. 자수 (自首)
스스로 자기의 범죄사실을 신고함

94. 자연 (自然)
사람의 힘을 가하지 않고 저절로 된 상태

95. 장남 (長男)
첫째아들

96. 장소 (場所)
일이 벌어지는 곳

97. 좌수 (左手)
왼 손

98. 전차 (電車)
전기의 힘으로 궤도 위를 달리는 차

99. 전화 (電話)
전화기의 준말

100. 전후 (前後)
앞과 뒤

101. 정면 (正面)
마주 보이는 물건의 앞쪽면

102. 정오 (正午)
낮 12시

103. 정직 (正直)
마음에 거짓이나 꾸밈이 없음

104. 조부모 (祖父母)
할아버지와 할머니

105. 조상 (祖上)
어버이 위로 대대의 어른

106. 주소 (住所)
살고 있는 곳

107. 주민 (住民)
일정한 지역에 살고 있는 사람

108. 주식 (主食)
주로 먹고 삶

109. 주인 (主人)
한 집안의 주된 사람

110. 중대 (重大)
매우 중요함

111. 지형 (地形)
땅의 생긴 모양

112. 직립 (直立)
꼿꼿이 바로 섬

113. 차도 (車道)
차가 다니는 도로

114. 천지 (天地)
하늘과 땅

115. 청천 (靑天)
푸른하늘

116. 체력 (體力)
몸에서 생기는 힘

117. 초목 (草木)
풀과 나무

118. 춘추 (春秋)
봄과 가을

119. 춘하 (春夏)
봄과 여름

120. 출세 (出世)
유명하게 됨

121. 출입 (出入)
나가고 들어옴

122. 팔도 (八道)
우리나라의 전체를 이르는 말

123. 편안 (便安)
편하고 좋음

124. 편지 (便紙)
소식을 적어 보낸 글

125. 하차 (下車)
차에서 내림

126. 학생 (學生)
학교에서 공부하는 사람

127. 한식 (韓食)
우리나라의 음식

128. 해군 (海軍)
바다를 지키는 군대

129. 해외 (海外)
외국

130. 형제 (兄弟)
형과 아우

131. 화산 (火山)
땅속에 있는 가스, 마그마가 분출하는 곳

132. 화초 (花草)
꽃과 풀

133. 학문 (學問)
배워서 익힘

134. 활기 (活氣)
기운이 넘침

135. 활동 (活動)
활발하게 움직임

136. 황금 (黃金)
노란색의 금

137. 효도 (孝道)
부모님을 봉양함

138. 후세 (後世)
뒤의 세상

139. 휴교 (休校)
학교가 수업하지 않고 쉼

140. 휴일 (休日)
쉬는 날

※ 쓰기점검을 해보세요. 35~37쪽의 漢字語의 讀音을 몇차례 나누어서 써놓고 그 밑에 漢字를 틀리지 않게 써보세요.

사 자 성 어 [四字成語]

家庭敎育	가정교육	가정에서 집안어른들이 자녀들을 양육하면서 가르치는 교육
各人各色	각인각색	사람마다 각기 다름
高速道路	고속도로	차가 빨리 통행할수 있도록 만든 차 전용도로
公明正大	공명정대	하는 일이나 행동이 사사로움이 없이 떳떳하고 바름
九死一生	구사일생	여러 차례 죽을 고비를 넘기고 겨우 살아남
南男北女	남남북녀	우리나라에서 남자는 남쪽 지방이 잘나고 여자는 북쪽 지방 사람이 곱게 생겼다는 말
男女老少	남녀노소	남자와 여자, 늙은이와 젊은이
男女有別	남녀유별	남자와 여자 사이에 분별이 있어야 함.
大韓民國	대한민국	우리나라의 국호(나라이름), 한국
同苦同樂	동고동락	괴로움과 즐거움을 함께 겪고 살아감
東問西答	동문서답	묻는 말에 전혀 딴 말을 함
東西古今	동서고금	동양과 서양, 옛날과 지금을 통틀어 이르는 말
東西南北	동서남북	동쪽, 서쪽, 남쪽, 북쪽 모든 방향을 뜻함.
門前成市	문전성시	찾아오는 사람이 많음
百年大計	백년대계	먼 앞날을 내다보고 세운 큰 계획
百萬大軍	백만대군	아주 많은 병사로 조직된 군대
百萬長者	백만장자	재산이 매우 많은 큰 부자
百發百中	백발백중	백 번 쏘아 백 번 맞힌다는 뜻으로, 하는 일마다 성공함.
白衣民族	백의민족	우리민족은 옛부터 흰옷을 즐겨 입은데서 부르는 말
百戰百勝	백전백승	싸울때마다 모두 이김
父子有親	부자유친	아버지와 아들 사이는 친해야 한다는 뜻
不老長生	불로장생	늙지 아니하고 오래 삶
不遠千里	불원천리	천리를 멀다 여기지 않음
四方八方	사방팔방	동서남북 모든 방향
山高水長	산고수장	덕행이나 지조의 높음을 높은 산과 긴 강물에 비유한 말
山川草木	산천초목	자연속의 산과 내와 풀과 나무

生年月日	생년월일	태어난 해와 달과 날
生老病死	생로병사	사람이 나고 늙고 병들고 죽는 네 가지 고통
生死苦樂	생사고락	삶과 죽음, 괴로움과 즐거움
世界平和	세계평화	전 세계가 평온하고 화목함
身土不二	신토불이	우리 나라 땅에서 나는 농산물이 우리 몸에 좋다는 뜻
十中八九	십중팔구	열 가운데 여덟이나 아홉으로 대부분을 차지함
愛國愛族	애국애족	나라와 민족을 사랑하고 아낌
野生動物	야생동물	산이나 들에서 저절로 나서 자라는 동물
年中行事	연중행사	해마다 일정한 시기를 정하여 놓고 하는 행사
樂山樂水	요산요수	산과 물을 좋아한다는 뜻으로 즉 자연을 좋아함
人命在天	인명재천	사람의 목숨은 하늘에 달려 있다는 말
人山人海	인산인해	사람이 수없이 많이 모인 상태
一口二言	일구이언	한 가지 일에 대하여 말을 이랬다 저랬다 함
一石二鳥	일석이조	한 가지 일로 두 가지 이익을 얻음
一心同體	일심동체	한마음 한 몸이라는 뜻
一日三省	일일삼성	하루에 세 가지 일로 자신을 되돌아보고 살핌
一日三秋	일일삼추	하루가 삼 년처럼 길게 느껴짐
一朝一夕	일조일석	하루 아침과 하루 저녁이란 뜻으로, 아주 짧은 시일을 뜻함
自問自答	자문자답	스스로 묻고 스스로 대답함
自生植物	자생식물	산이나 들, 강이나 바다에서 저절로 나는 식물
子孫萬代	자손만대	오래도록 내려오는 여러 대
自手成家	자수성가	부모가 물려주는 재산없이 자기 혼자의 힘으로 집안을 일으키고 재산을 모음
自由自在	자유자재	거침없이 자기 마음대로 할 수 있음
作心三日	작심삼일	한 번 결심한 뜻이 사흘을 가지 못함
電光石火	전광석화	번개불이나 부싯돌이 번뜩이듯이 몹시 짧은 시간
前後左右	전후좌우	앞쪽과 뒤쪽, 왼쪽과 오른쪽 등 사방을 일컬음
晝夜長川	주야장천	밤낮으로 쉬지 아니하고 연달아 계속됨
千萬多幸	천만다행	아주 다행함

天下第一	천하제일	세상에 견줄 만한 것이 없이 최고임
青天白日	청천백일	하늘이 맑게 갠 대낮
清風明月	청풍명월	맑은 바람과 밝은 달
草綠同色	초록동색	이름은 다르나 따지고 보면 한 가지 것이라는 말
草食動物	초식동물	풀을 주로 먹고 사는 동물
春夏秋冬	춘하추동	봄·여름·가을·겨울의 네 계절
特別活動	특별활동	학교 교육 과정에서 교과 학습 이외의 교육 활동
八道江山	팔도강산	우리나라 전체의 강과 산
八方美人	팔방미인	어느 모로 보나 아름다운 사람이란 뜻으로, 여러 방면에 능통한 사람
行方不明	행방불명	간 곳이나 방향을 모름
形形色色	형형색색	형상이나 빛깔 따위가 서로 다른 여러 가지

동자이음자

2가지 이상의 音을 가진 한자

	훈 음 (訓音)	예 (例)
金	쇠 금, 성 김	千金(천금), 金氏(김씨)
度	법도 도, 헤아릴 탁	高度(고도), 度地(탁지)
車	수레 거, 수레 차	人力車(인력거), 火車(화차)
樂	즐거울 락(낙), 노래 악, 좋아할 요	樂園(낙원), 音樂(음악), 樂山樂水(요산요수)
不	아닐 불, 아닐 부	不明(불명), 不正(부정), 不同(부동)
省	살필 성, 덜 생	反省(반성), 省禮(생례)
便	편안할 편, 똥·오줌 변	便利(편리), 便所(변소)
行	다닐 행, 항렬 항	行動(행동), 行列(항렬)
畫	그림 화, 그을 획	畫家(화가), 計畫(계획)

不[아닐불]과 不[아닐부]의 경우

'不'의 기본 훈(訓)과 음(音)은 '아닐불'이다. 그러나 '不'자를 시작으로 만들어진 한자어(漢字語) 중에서 '不'(아닐불)자의 다음 한자(漢字)의 첫음절이 'ㄷ'과 'ㅈ'일 경우에는 '不'(아닐부)로 쓰고 읽어야 한다.

예(例) : 不同(부동), 不答(부답), 不正(부정), 不道理(부도리), 不定(부정) 등,

🔹 두음법칙(頭音法則)

두음법칙이란 첫소리가 'ㄹ'이나 'ㄴ'으로 소리나는 한자어(漢字語)가
그 독음이 'ㄹ'은 'ㄴ'과 'ㅇ'으로 'ㄴ'은 'ㅇ'으로 바뀌는 것을 말한다.

[例]　老人　　力道　　禮識　　利子　　女子
　　　로인　　력도　　례식　　리자　　녀자
　　　노인　　역도　　예식　　이자　　여자

1. 'ㄹ'이 'ㄴ'으로 바뀌는 경우 ▶

路 · 道路(도로) : 路上(노상)

綠 · 草綠(초록) : 綠色(녹색)

老 · 年老(연로) : 老人(노인), 老弱(노약)

樂 · 安樂(안락) : 樂園(낙원)

2. 'ㄹ'이 'ㅇ'으로 바뀌는 경우 ▶

立 · 國立(국립) : 立春(입춘), 立秋(입추)

例 · 事例(사례) : 例事(예사)

禮 · 家禮(가례) : 禮式(예식), 禮服(예복)

利 · 金利(금리) : 利子(이자)

力 · 人力車(인력거) : 力道(역도)

里 · 洞里(동리) : 里長(이장)

林 · 山林(산림) : 林野(임야)

3. 'ㄴ'이 'ㅇ'으로 바뀌는 경우 ▶

女 · 男女(남녀) : 女人(여인), 女子(여자)

※ 두음법칙에 맞게 다음 漢字語의 讀音을 쓰세요. ▶

1. 國立 [　]	13. 事例 [　]
2. 道路 [　]	14. 新綠 [　]
3. 立春 [　]	15. 老母 [　]
4. 路上 [　]	16. 力道 [　]
5. 火力 [　]	17. 男女 [　]
6. 里長 [　]	18. 例事 [　]
7. 林野 [　]	19. 立冬 [　]
8. 立夏 [　]	20. 女子 [　]
9. 農林 [　]	21. 樂園 [　]
10. 女人 [　]	22. 家禮 [　]
11. 利子 [　]	23. 安樂 [　]
12. 禮服 [　]	24. 洞里 [　]

※ 정답은 55쪽에 있음

6급 '섞음漢字'
훈·음표

일차적으로 가, 나, 다 順의 '배정漢字' 를 잘 읽을 수 있게 공부한 후 이차적으로 이들 글자들이 모두 섞인 상태에서 잘 읽을 수 있게 되어야 "암기가 제대로 되었다" 라고 할 수 있을것입니다. 다음쪽의 '섞음漢字' 를 읽을때 모르는 글자는 이곳 '훈·음표' 번호를 확인하여 외우세요.

1 校 학교교	31 五 다섯오	61 氣 기운기	91 上 윗 상	121 正 바를정	151 各 각각각	181 對 대할대	211 服 옷 복	241 野 들 야	271 定 정할정
2 敎 가르칠교	32 王 임금왕	62 男 사내남	92 色 빛 색	122 祖 할아비조	152 角 뿔 각	182 待 기다릴대	212 本 근본본	242 弱 약할약	272 庭 뜰 정
3 九 아홉구	33 外 바깥외	63 內 안 내	93 夕 저녁석	123 足 발 족	153 感 느낄감	183 圖 그림도	213 部 떼 부	243 藥 약 약	273 題 제목제
4 國 나라국	34 月 달 월	64 農 농사농	94 姓 성 성	124 左 왼 좌	154 强 강할강	184 度 법도도 헤아릴락	214 分 나눌분	244 陽 별 양	274 第 차례제
5 軍 군사군	35 二 두 이	65 答 대답할답	95 世 인간세	125 主 임금주 주인주	155 開 열 개	185 讀 읽을독	215 使 하여금사 부릴사	245 洋 큰바다양	275 朝 아침조
6 金 쇠 금 성 김	36 人 사람인	66 道 길 도	96 少 적을소	126 住 살 주	156 京 서울경	186 童 아이동	216 社 모일사	246 言 말씀언	276 族 겨레족
7 南 남녘남	37 一 한 일	67 冬 겨울동	97 所 바 소	127 重 무거울중	157 界 지경계	187 頭 머리두	217 死 죽을사	247 業 업 업	277 注 부을주
8 女 계집녀	38 日 날 일	68 動 움직일동	98 手 손 수	128 地 따 지	158 計 셀 계	188 等 무리등	218 書 글 서	248 永 길 영	278 晝 낮주
9 年 해 년	39 長 긴 장	69 同 한가지동	99 數 셈 수	129 紙 종이지	159 古 예 고	189 樂 즐길락 노래악	219 席 자리석	249 英 꽃부리영	279 集 모일집
10 大 큰 대	40 弟 아우제	70 洞 골 동 밝을통	100 時 때 시	130 直 곧을직	160 苦 쓸 고	190 例 법식례	220 石 돌 석	250 溫 따뜻할온	280 窓 창 창
11 東 동녘동	41 中 가운데중	71 登 오를등	101 市 저자시	131 千 일천천	161 高 높을고	191 禮 예도례	221 線 줄 선	251 勇 날랠용	281 淸 맑을청
12 六 여섯륙	42 靑 푸를청	72 來 올 래	102 植 심을식	132 天 하늘천	162 共 한가지공	192 路 길 로	222 雪 눈 설	252 用 쓸 용	282 體 몸 체
13 萬 일만만	43 寸 마디촌	73 力 힘 력	103 食 밥 식 먹을식	133 川 내 천	163 公 공평할공	193 綠 푸를록	223 成 이룰성	253 運 옮길운	283 親 친할친
14 母 어미모	44 七 일곱칠	74 老 늙을로	104 心 마음심	134 草 풀 초	164 功 공 공	194 利 이할리	224 省 살필성 덜 생	254 園 동산원	284 太 클 태
15 木 나무목	45 土 흙 토	75 里 마을리	105 安 편안할안	135 村 마을촌	165 果 실과과	195 李 오얏리 성 리	225 消 사라질소	255 遠 멀 원	285 通 통할통
16 門 문 문	46 八 여덟팔	76 林 수풀림	106 語 말씀어	136 秋 가을추	166 科 과목과	196 理 다스릴리	226 速 빠를속	256 油 기름유	286 特 특별할특
17 民 백성민	47 學 배울학	77 立 설 립	107 然 그럴연	137 春 봄 춘	167 光 빛 광	197 明 밝을명	227 孫 손자손	257 由 말미암을유	287 表 겉 표
18 白 흰 백	48 韓 한국한 나라한	78 每 매양매	108 午 낮 오	138 出 날 출	168 交 사귈교	198 目 눈 목	228 樹 나무수	258 銀 은 은	288 風 바람풍
19 父 아비부	49 兄 형 형	79 面 낯 면	109 右 오른쪽우	139 便 편할편 똥오줌변	169 區 구분할구 지경구	199 聞 들을문	229 術 재주술	259 音 소리음	289 合 합할합
20 北 북녘북 달아날배	50 火 불 화	80 名 이름명	110 有 있을유	140 平 평평할평	170 球 공 구	200 米 쌀 미	230 習 익힐습	260 飮 마실음	290 幸 다행행
21 四 넉 사	51 家 집 가	81 命 목숨명	111 育 기를육	141 下 아래하	171 郡 고을군	201 美 아름다울미	231 勝 이길승	261 衣 옷 의	291 行 다닐행 항렬항
22 山 메 산	52 歌 노래가	82 問 물을문	112 邑 고을읍	142 夏 여름하	172 近 가까울근	202 朴 성 박	232 始 비로소시	262 意 뜻 의	292 向 향할향
23 三 석 삼	53 間 사이간	83 文 글월문	113 入 들 입	143 漢 한수한 한나라한	173 根 뿌리근	203 半 반 반	233 式 법 식	263 醫 의원의	293 現 나타날현
24 生 날 생	54 江 강 강	84 物 물건물	114 子 아들자	144 海 바다해	174 今 이제금	204 反 돌이킬반	234 神 귀신신	264 者 놈 자	294 形 모양형
25 西 서녘서	55 車 수레거(차)	85 方 모 방	115 字 글자자	145 花 꽃 화	175 級 등급급	205 班 나눌반	235 信 믿을신	265 作 지을작	295 號 이름호
26 先 먼저선	56 工 장인공	86 百 일백백	116 自 스스로자	146 話 말씀화	176 急 급할급	206 發 필 발	236 新 새 신	266 昨 어제작	296 和 화할화
27 小 작을소	57 空 빌 공	87 夫 지아비부	117 場 마당장	147 活 살 활	177 多 많을다	207 放 놓을방	237 身 몸 신	267 章 글 장	297 畫 그림화 그을획
28 水 물 수	58 口 입 구	88 不 아닐불	118 全 온전할전	148 孝 효도효	178 短 짧을단	208 番 차례번	238 失 잃을실	268 在 있을재	298 黃 누를황
29 室 집 실	59 旗 기 기	89 事 일 사	119 前 앞 전	149 後 뒤 후	179 堂 집 당	209 別 다를별 나눌별	239 愛 사랑애	269 才 재주재	299 會 모일회
30 十 열 십	60 記 기록할기	90 算 셈 산	120 電 번개전	150 休 쉴 휴	180 代 대신대	210 病 병 병	240 夜 밤 야	270 戰 싸움전	300 訓 가르칠훈

向	病	始	戰	工	美	放	問	注	用
292	210	232	270	56	201	207	82	277	252
聞	信	夜	幸	秋	紙	光	使	表	風
199	235	240	290	136	129	167	215	287	288
每	算	遠	兄	安	代	女	別	書	速
78	90	255	49	105	180	8	209	218	226
區	字	近	月	寸	便	王	氣	里	等
169	115	172	34	43	139	32	61	75	188
命	靑	所	川	歌	社	才	多	冬	二
81	42	97	133	52	216	269	177	67	167
人	火	對	分	省	古	禮	京	集	米
36	50	181	214	224	159	191	156	279	200
長	第	郡	形	音	樹	五	出	生	習
39	274	171	294	259	228	31	138	24	230
朝	室	學	左	堂	敎	午	小	電	界
275	29	47	124	179	2	108	27	120	157
感	天	綠	野	然	動	例	李	陽	飮
153	132	193	241	107	68	190	195	244	260
夕	手	面	同	族	運	口	市	根	大
93	98	79	69	276	253	58	101	173	10

自 反 名 姓 發 圖 右 力 明 話
116 204 80 94 206 183 109 73 197 146

正 心 重 晝 勝 一 色 三 强 弱
121 104 127 278 231 37 92 23 154 242

邑 父 下 前 世 班 男 銀 外 百
112 19 141 119 95 205 62 258 33 86

科 上 神 場 夫 食 部 淸 土 由
166 91 234 117 87 103 213 281 45 257

庭 讀 體 日 母 九 果 間 直 六
272 185 282 38 14 3 165 53 130 12

西 入 身 高 洞 門 雪 空 國 車
25 113 237 161 70 16 222 57 4 55

足 住 醫 黃 休 童 功 短 數 畫
123 126 263 298 150 186 164 178 99 297

交 先 物 平 死 行 立 號 合 山
168 26 84 140 217 291 77 295 289 22

目 有 消 方 答 席 語 急 特 訓
198 110 225 85 65 219 106 176 286 300

愛 服 會 番 親 不 度 者 勇 植
239 211 299 208 283 88 184 264 251 102

6級 섞음漢字 300字 (나)型

◇ 앞면과 뒷면의 글자가 다르므로 양면 모두 하세요.
◇ '섞음漢字' (가)형을 완전하게 완수한후에 하세요.

◇ '섞음漢字' 모두를 잘 익혔다면 예상문제를 풀때 독음·훈을 쓰기문제중 3문제 이상 틀리지 않도록 충분히 가능합니다. 그렇게 되면 다른 유형별 문제와 쓰기문제도 쉽게 해결됩니다.

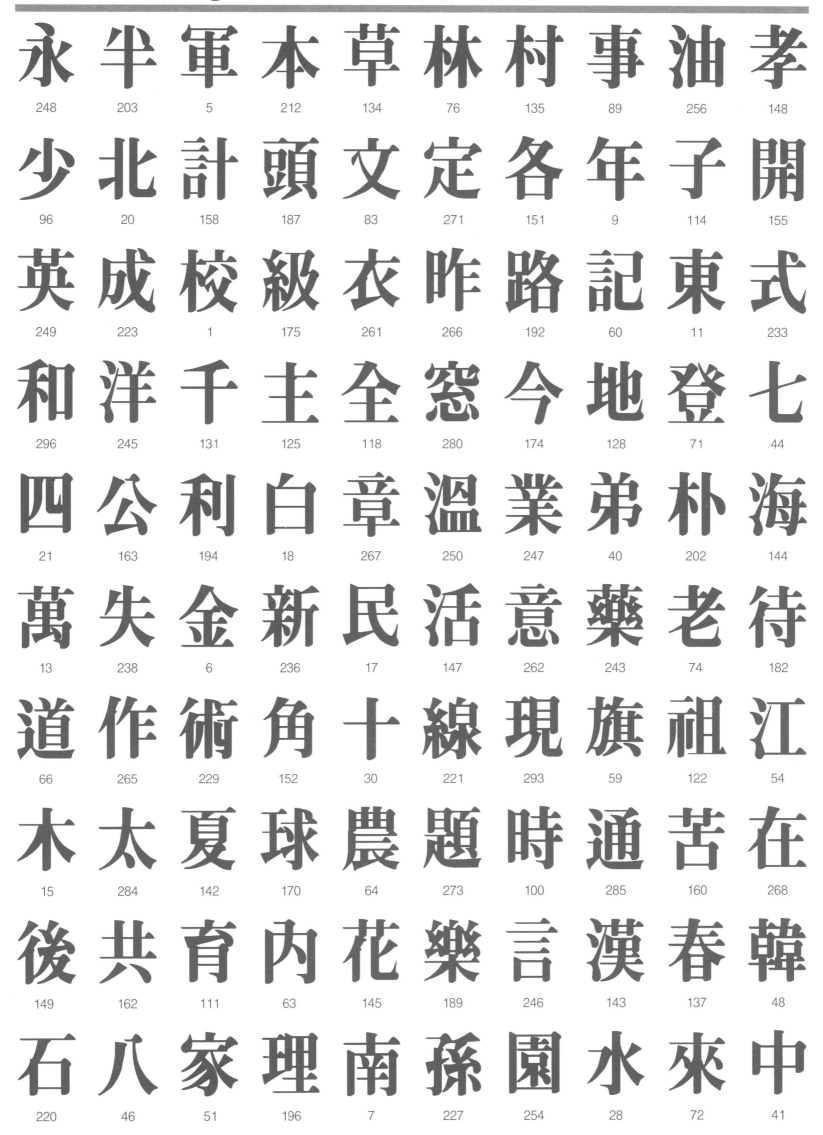

永	半	軍	本	草	林	村	事	油	孝
248	203	5	212	134	76	135	89	256	148
少	北	計	頭	文	定	各	年	子	開
96	20	158	187	83	271	151	9	114	155
英	成	校	級	衣	昨	路	記	東	式
249	223	1	175	261	266	192	60	11	233
和	洋	千	主	全	窓	今	地	登	七
296	245	131	125	118	280	174	128	71	44
四	公	利	白	章	溫	業	弟	朴	海
21	163	194	18	267	250	247	40	202	144
萬	失	金	新	民	活	意	藥	老	待
13	238	6	236	17	147	262	243	74	182
道	作	術	角	十	線	現	旗	祖	江
66	265	229	152	30	221	293	59	122	54
木	太	夏	球	農	題	時	通	苦	在
15	284	142	170	64	273	100	285	160	268
後	共	育	內	花	樂	言	漢	春	韓
149	162	111	63	145	189	246	143	137	48
石	八	家	理	南	孫	園	水	來	中
220	46	51	196	7	227	254	28	72	41

※ '섞음漢字'의 암기가 끝날 무렵에는 各 漢字 밑에 訓·音을 써보세요.

書畫畵 小少 軍車 白百自
218 278 297　27 96　5 55　18 86 116

母每海 門問間聞 老孝者
14 78 144　16 82 53 199　74 148 264

先失 室堂 弟第 寸村 夫天
26 238　29 179　40 274　43 135　87 132

韓漢 旗族 內入 動重 同洞
48 143　59 275　63 113　68 127　69 70

發登 里童 名各 色邑 夕多
206 71　75 186　80 151　92 112　93 177

直植 石右左 有育 對待特
130 102　220 109 124　110 111　181 182 286

父交 便使 語話訓 公分
19 168　139 215　106 146 30　163 214

郡部 綠線 省消 信言 速遠
171 213　193 221　224 225　235 246　226 255

作昨 旗族 主住注 空窓
265 266　59 276　125 120 277　57 280

場陽 靑淸 新親 幸行 理現
117 244　42 281　236 283　290 291　196 293

각 유형별 문제익히기

정답은 55쪽에 있음

※ 다음 漢字語의 讀音을 쓰세요.　　　　※ 두 줄을 먼저 써보고 미흡할때는 '섞음漢字'를 다시 복습하고 푸세요.

1. 反 省 [　　]	26. 才 氣 [　　]	51. 注 油 [　　]
2. 洋 藥 [　　]	27. 現 在 [　　]	52. 形 式 [　　]
3. 同 意 [　　]	28. 速 球 [　　]	53. 作 用 [　　]
4. 多 幸 [　　]	29. 文 章 [　　]	54. 每 日 [　　]
5. 禮 式 [　　]	30. 雪 花 [　　]	55. 消 火 [　　]
6. 車 窓 [　　]	31. 明 太 [　　]	56. 弟 子 [　　]
7. 黃 海 [　　]	32. 題 號 [　　]	57. 郡 內 [　　]
8. 天 幸 [　　]	33. 美 術 [　　]	58. 空 氣 [　　]
9. 音 樂 [　　]	34. 便 所 [　　]	59. 各 班 [　　]
10. 科 學 [　　]	35. 便 利 [　　]	60. 學 級 [　　]
11. 油 紙 [　　]	36. 後 園 [　　]	61. 高 等 [　　]
12. 現 物 [　　]	37. 愛 用 [　　]	62. 反 省 [　　]
13. 出 席 [　　]	38. 洋 服 [　　]	63. 省 禮 [　　]
14. 使 用 [　　]	39. 校 訓 [　　]	64. 集 合 [　　]
15. 特 活 [　　]	40. 特 別 [　　]	65. 國 運 [　　]
16. 路 線 [　　]	41. 時 事 [　　]	66. 不 在 [　　]
17. 主 體 [　　]	42. 立 冬 [　　]	67. 家 庭 [　　]
18. 火 急 [　　]	43. 命 名 [　　]	68. 交 代 [　　]
19. 英 才 [　　]	44. 自 然 [　　]	69. 集 會 [　　]
20. 和 音 [　　]	45. 孝 行 [　　]	70. 題 目 [　　]
21. 萬 病 [　　]	46. 對 話 [　　]	71. 休 日 [　　]
22. 勇 氣 [　　]	47. 親 和 [　　]	72. 永 遠 [　　]
23. 野 戰 [　　]	48. 夕 陽 [　　]	73. 速 度 [　　]
24. 晝 夜 [　　]	49. 算 數 [　　]	74. 度 地 [　　]
25. 代 理 [　　]	50. 便 紙 [　　]	75. 注 意 [　　]

※ 다음 漢字語의 讀音을 쓰세요.

1. 孝 親 [　　　]
2. 植 樹 [　　　]
3. 特 級 [　　　]
4. 庭 園 [　　　]
5. 立 席 [　　　]
6. 軍 旗 [　　　]
7. 窓 門 [　　　]
8. 孝 女 [　　　]
9. 直 線 [　　　]
10. 面 長 [　　　]
11. 根 本 [　　　]
12. 英 才 [　　　]
13. 朝 會 [　　　]
14. 勝 利 [　　　]
15. 番 號 [　　　]
16. 太 陽 [　　　]
17. 禮 式 [　　　]
18. 五 感 [　　　]
19. 分 班 [　　　]
20. 英 語 [　　　]
21. 家 門 [　　　]
22. 古 書 [　　　]
23. 發 表 [　　　]
24. 不 正 [　　　]
25. 不 信 [　　　]

26. 社 會 [　　　]
27. 公 式 [　　　]
28. 大 路 [　　　]
29. 强 弱 [　　　]
30. 平 和 [　　　]
31. 風 向 [　　　]
32. 上 書 [　　　]
33. 野 球 [　　　]
34. 路 線 [　　　]
35. 休 戰 [　　　]
36. 日 出 [　　　]
37. 萬 病 [　　　]
38. 運 命 [　　　]
39. 幸 運 [　　　]
40. 家 訓 [　　　]
41. 發 音 [　　　]
42. 消 火 [　　　]
43. 音 樂 [　　　]
44. 樂 山 [　　　]
45. 體 育 [　　　]
46. 藥 草 [　　　]
47. 失 神 [　　　]
48. 平 野 [　　　]
49. 區 別 [　　　]
50. 文 明 [　　　]

51. 每 年 [　　　]
52. 發 火 [　　　]
53. 銀 行 [　　　]
54. 先 祖 [　　　]
55. 美 術 [　　　]
56. 表 現 [　　　]
57. 農 業 [　　　]
58. 邑 內 [　　　]
59. 水 車 [　　　]
60. 人力車 [　　　]
61. 同 窓 [　　　]
62. 樹 立 [　　　]
63. 名 醫 [　　　]
64. 畵 室 [　　　]
65. 題 目 [　　　]
66. 敎 室 [　　　]
67. 公休日 [　　　]
68. 長 孫 [　　　]
69. 感 動 [　　　]
70. 休 紙 [　　　]
71. 會 話 [　　　]
72. 計 算 [　　　]
73. 百 姓 [　　　]
74. 地 圖 [　　　]
75. 神 童 [　　　]

※ 다음 漢字語의 讀音을 쓰세요.

1. 出 現 [   ]
2. 動 作 [   ]
3. 國 軍 [   ]
4. 民 族 [   ]
5. 電 氣 [   ]
6. 勝 利 [   ]
7. 開 通 [   ]
8. 番 地 [   ]
9. 集 合 [   ]
10. 社 會 [   ]
11. 計 算 [   ]
12. 强 弱 [   ]
13. 直 通 [   ]
14. 東 區 [   ]
15. 太 陽 [   ]
16. 戰 死 [   ]
17. 病 者 [   ]
18. 太 祖 [   ]
19. 本 部 [   ]
20. 戰 線 [   ]
21. 直 角 [   ]
22. 成 功 [   ]
23. 急 速 [   ]
24. 遠 近 [   ]
25. 溫 和 [   ]

26. 前 後 [   ]
27. 光 線 [   ]
28. 太 古 [   ]
29. 用 紙 [   ]
30. 中 等 [   ]
31. 番 號 [   ]
32. 美 女 [   ]
33. 長 短 [   ]
34. 老 父 [   ]
35. 信 號 [   ]
36. 文 章 [   ]
37. 住 民 [   ]
38. 飮 食 [   ]
39. 電 氣 [   ]
40. 民 族 [   ]
41. 活 動 [   ]
42. 天 才 [   ]
43. 王 子 [   ]
44. 發 明 [   ]
45. 家 訓 [   ]
46. 邑 長 [   ]
47. 銀 行 [   ]
48. 表 記 [   ]
49. 育 成 [   ]
50. 高 速 [   ]

51. 短 命 [   ]
52. 衣 服 [   ]
53. 運 命 [   ]
54. 始 作 [   ]
55. 空 氣 [   ]
56. 休 校 [   ]
57. 農 土 [   ]
58. 中 東 [   ]
59. 外國語 [   ]
60. 自動車 [   ]
61. 野生花 [   ]
62. 地平線 [   ]
63. 運動會 [   ]
64. 力不足 [   ]
65. 年年生 [   ]
66. 地下室 [   ]
67. 百年草 [   ]
68. 白日場 [   ]
69. 休火山 [   ]
70. 活火山 [   ]
71. 學父兄 [   ]
72. 出入門 [   ]
73. 天文學 [   ]
74. 地球村 [   ]
75. 教育場 [   ]

※ 다음 漢字의 訓과 音을 쓰세요.

1. 足 [   ]   26. 場 [   ]   51. 問 [   ]
2. 銀 [   ]   27. 紙 [   ]   52. 親 [   ]
3. 族 [   ]   28. 安 [   ]   53. 答 [   ]
4. 英 [   ]   29. 然 [   ]   54. 開 [   ]
5. 第 [   ]   30. 登 [   ]   55. 根 [   ]
6. 交 [   ]   31. 形 [   ]   56. 童 [   ]
7. 注 [   ]   32. 球 [   ]   57. 活 [   ]
8. 藥 [   ]   33. 遠 [   ]   58. 感 [   ]
9. 運 [   ]   34. 溫 [   ]   59. 登 [   ]
10. 海 [   ]   35. 功 [   ]   60. 近 [   ]
11. 題 [   ]   36. 號 [   ]   61. 永 [   ]
12. 對 [   ]   37. 歌 [   ]   62. 每 [   ]
13. 堂 [   ]   38. 色 [   ]   63. 植 [   ]
14. 風 [   ]   39. 郡 [   ]   64. 短 [   ]
15. 育 [   ]   40. 表 [   ]   65. 市 [   ]
16. 向 [   ]   41. 新 [   ]   66. 信 [   ]
17. 夏 [   ]   42. 算 [   ]   67. 聞 [   ]
18. 頭 [   ]   43. 洋 [   ]   68. 氣 [   ]
19. 綠 [   ]   44. 計 [   ]   69. 番 [   ]
20. 使 [   ]   45. 苦 [   ]   70. 野 [   ]
21. 例 [   ]   46. 多 [   ]   71. 韓 [   ]
22. 油 [   ]   47. 禮 [   ]   72. 席 [   ]
23. 黃 [   ]   48. 發 [   ]   73. 理 [   ]
24. 孫 [   ]   49. 洞 [   ]   74. 旗 [   ]
25. 樹 [   ]   50. 意 [   ]   75. 室 [   ]

※ 다음 漢字의 訓과 音을 쓰세요. ▶

1. 數 [   ]
2. 放 [   ]
3. 待 [   ]
4. 球 [   ]
5. 萬 [   ]
6. 物 [   ]
7. 弟 [   ]
8. 紙 [   ]
9. 窓 [   ]
10. 飮 [   ]
11. 時 [   ]
12. 寸 [   ]
13. 雪 [   ]
14. 弱 [   ]
15. 醫 [   ]
16. 共 [   ]
17. 家 [   ]
18. 林 [   ]
19. 里 [   ]
20. 祖 [   ]
21. 式 [   ]
22. 先 [   ]
23. 業 [   ]
24. 軍 [   ]
25. 南 [   ]

26. 開 [   ]
27. 會 [   ]
28. 表 [   ]
29. 休 [   ]
30. 班 [   ]
31. 勇 [   ]
32. 愛 [   ]
33. 昨 [   ]
34. 夜 [   ]
35. 黃 [   ]
36. 話 [   ]
37. 重 [   ]
38. 反 [   ]
39. 病 [   ]
40. 頭 [   ]
41. 孫 [   ]
42. 海 [   ]
43. 身 [   ]
44. 特 [   ]
45. 動 [   ]
46. 社 [   ]
47. 軍 [   ]
48. 區 [   ]
49. 陽 [   ]
50. 族 [   ]

51. 空 [   ]
52. 急 [   ]
53. 京 [   ]
54. 短 [   ]
55. 飮 [   ]
56. 向 [   ]
57. 平 [   ]
58. 科 [   ]
59. 式 [   ]
60. 面 [   ]
61. 前 [   ]
62. 本 [   ]
63. 晝 [   ]
64. 庭 [   ]
65. 速 [   ]
66. 才 [   ]
67. 强 [   ]
68. 朝 [   ]
69. 席 [   ]
70. 語 [   ]
71. 村 [   ]
72. 術 [   ]
73. 果 [   ]
74. 後 [   ]
75. 用 [   ]

※ 다음 漢字의 反對字 또는 相對字(상대자)를 골라 그 번호를 쓰세요.

1. 水:① 木 ② 海 ③ 火 ④ 綠
2. 左:① 右 ② 內 ③ 外 ④ 表
3. 前:① 休 ② 字 ③ 後 ④ 村
4. 朝:① 夕 ② 午 ③ 風 ④ 親
5. 多:① 幸 ② 少 ③ 運 ④ 集
6. 空:① 班 ② 死 ③ 聞 ④ 在
7. 心:① 氣 ② 語 ③ 母 ④ 體
8. 和:① 安 ② 紙 ③ 戰 ④ 花
9. 民:① 王 ② 士 ③ 郡 ④ 童
10. 苦:① 高 ② 度 ③ 海 ④ 樂

※ 다음 漢字와 뜻이 같거나 비슷한 漢字를 골라 그 번호를 쓰세요.

11. 光:① 勝 ② 油 ③ 英 ④ 色
12. 樹:① 林 ② 川 ③ 天 ④ 草
13. 區:① 九 ② 野 ③ 別 ④ 場
14. 度:① 角 ② 李 ③ 式 ④ 禮
15. 號:① 不 ② 百 ③ 名 ④ 王
16. 文:① 書 ② 畫 ③ 由 ④ 樹
17. 家:① 內 ② 代 ③ 美 ④ 堂
18. 午:① 晝 ② 夜 ③ 野 ④ 待
19. 式:① 例 ② 立 ③ 老 ④ 物
20. 計:① 界 ② 算 ③ 度 ④ 等
21. 班:① 弱 ② 洋 ③ 合 ④ 別
22. 界:① 線 ② 利 ③ 區 ④ 苦

※ 다음 밑줄친 漢字語를 漢字로 쓰세요.

23. 매사에 근면한 사람이 성공한다.
24. 사람은 노후에 편안히 살기위해 힘써 일한다.
25. 사촌누나가 시립 교향악단에서 섹스폰을 연주한다.
26. 국민의 예스런말이 백성이다.
27. 면사무소에서는 면장이 우두머리이다.
28. 할머니는 노년의 나이에도 놀지 않고 일을 하신다.
29. 남편은 아내를 사랑해야 한다.
30. 당황한 기색이 얼굴에 나타났다.
31. 우리반은 여학생이 남학생보다 많다.
32. 이번 비는 농작물에 부족한 편이다.

※ 다음 뜻을 가진 단어를 쓰세요.

예 동쪽에 있는 바다 → 동해

33. 어떤 장소의 드러난 면   → [   ]
34. 전기공   → [   ]
35. 왼쪽손   → [   ]
36. 신문에 글이 쓰인 겉면   → [   ]
37. 바닷물의 표면   → [   ]
38. 편안하게 삶   → [   ]
39. 나라에서 설립함   → [   ]
40. 산속에 있는 마을   → [   ]

※ 다음 漢字의 反對字 또는 相對字(상대자)를 골라 그 번호를 쓰세요.

1. 出：① 失 ② 才 ③ 入 ④ 特
2. 先：① 後 ② 前 ③ 聞 ④ 堂
3. 祖：① 母 ② 禮 ③ 陽 ④ 孫
4. 江：① 社 ② 山 ③ 石 ④ 短
5. 春：① 秋 ② 冬 ③ 夏 ④ 醫
6. 教：① 校 ② 學 ③ 理 ④ 成
7. 强：① 弱 ② 讀 ③ 發 ④ 號
8. 新：① 心 ② 食 ③ 時 ④ 古

9. 長：① 男 ② 王 ③ 孝 ④ 短
10. 手：① 體 ② 足 ③ 本 ④ 夫
11. 兄：① 向 ② 父 ③ 弟 ④ 族
12. 火：① 晝 ② 風 ③ 式 ④ 水
13. 東：① 西 ② 南 ③ 窓 ④ 書
14. 遠：① 空 ② 近 ③ 國 ④ 校
15. 正：① 直 ② 反 ③ 育 ④ 邑
16. 古：① 直 ② 場 ③ 今 ④ 級

※ 다음 漢字와 뜻이 같거나 비슷한 漢字를 골라 그 번호를 쓰세요.

17. 歌：① 頭 ② 樂 ③ 京 ④ 計
18. 先：① 右 ② 前 ③ 直 ④ 地
19. 算：① 第 ② 數 ③ 集 ④ 前
20. 生：① 死 ② 邑 ③ 活 ④ 年
21. 衣：① 石 ② 服 ③ 頭 ④ 身
22. 第：① 番 ② 弟 ③ 對 ④ 短
23. 家：① 室 ② 度 ③ 各 ④ 路

24. 畫：① 晝 ② 和 ③ 圖 ④ 書
25. 術：① 每 ② 才 ③ 育 ④ 命
26. 根：① 木 ② 溫 ③ 銀 ④ 本
27. 分：① 在 ② 用 ③ 別 ④ 會
28. 永：① 平 ② 遠 ③ 道 ④ 每
29. 正：① 長 ② 短 ③ 直 ④ 反
30. 社：① 區 ② 運 ③ 表 ④ 會

※ 다음 밑줄친 漢字語를 漢字로 쓰세요.

31. 자기가 맡은 임무는 불평없이 해야한다.

32. 농부가 땀흘려 지은 곡식들이 풍성하다.

33. 극장에 입장할때는 입장권을 낸다.

34. 훌륭한 사람이 되기 위해서 가문이 꼭 좋을 필요는 없다.

35. 식물은 산소를 공급한다.

36. 학교 갔다 오던 도중에 외할머니를 만났다.

37. 외국대통령이 회담하기 위해 내한했다.

38. 산촌은 공기가 맑다.

39. 강가에 있는 강촌이 아름다웠다.

40. 고래들이 망망 대해를 헤엄쳐 갔다.

※ 다음 漢字의 反對字 또는 相對字(상대자)를 골라 그 번호를 쓰세요.

1. 生 : ① 活 ② 死 ③ 遠 ④ 席
2. 死 : ① 姓 ② 安 ③ 活 ④ 然
3. 老 : ① 長 ② 者 ③ 定 ④ 少
4. 現 : ① 消 ② 清 ③ 注 ④ 園
5. 冬 : ① 春 ② 清 ③ 夏 ④ 溫
6. 內 : ① 外 ② 來 ③ 上 ④ 中
7. 南 : ① 女 ② 男 ③ 西 ④ 北
8. 天 : ① 黃 ② 地 ③ 中 ④ 和
9. 晝 : ① 朝 ② 幸 ③ 昨 ④ 夜
10. 山 : ① 木 ② 川 ③ 地 ④ 場
11. 分 : ① 合 ② 食 ③ 命 ④ 草
12. 會 : ① 番 ② 電 ③ 班 ④ 服
13. 農 : ① 正 ② 面 ③ 市 ④ 平
14. 言 : ① 行 ② 歌 ③ 記 ④ 弟
15. 同 : ① 銀 ② 注 ③ 別 ④ 英
16. 問 : ① 答 ② 東 ③ 急 ④ 待

※ 다음 漢字와 뜻이 같거나 비슷한 漢字를 골라 그 번호를 쓰세요.

17. 堂 : ① 放 ② 勇 ③ 室 ④ 合
18. 敎 : ① 校 ② 訓 ③ 長 ④ 省
19. 度 : ① 各 ② 分 ③ 交 ④ 例
20. 言 : ① 名 ② 話 ③ 登 ④ 來
21. 道 : ① 路 ② 球 ③ 番 ④ 通
22. 自 : ① 話 ② 祖 ③ 己 ④ 全
23. 村 : ① 樹 ② 有 ③ 里 ④ 林
24. 社 : ① 集 ② 形 ③ 村 ④ 出
25. 便 : ① 漢 ② 然 ③ 安 ④ 語
26. 郡 : ① 道 ② 市 ③ 邑 ④ 消
27. 共 : ① 同 ② 定 ③ 生 ④ 黃
28. 急 : ① 速 ② 窓 ③ 衣 ④ 始
29. 計 : ① 庭 ② 身 ③ 新 ④ 數
30. 身 : ① 便 ② 夫 ③ 心 ④ 體
31. 海 : ① 洋 ② 邑 ③ 便 ④ 漢
32. 文 : ① 大 ② 永 ③ 問 ④ 章

※ 다음 밑줄친 漢字語를 漢字로 쓰세요.

33. 형제자매를 동기간이라고 한다.
34. 금년 여름은 전년에 비해 덥지 않다.
35. 외국에서 살아도 언제나 조국이 잘되길 바란다.
36. 우리가족은 편안히 살고 있다.
37. 농어촌의 학교에 학생수가 줄고 있다.
38. 컴퓨터를 주문하면서 선금을 지불했다.
39. 횡단보도를 건널때도 좌우를 살펴야한다.
40. 장마철에는 거의 매일 비가 온다.
41. 건축공사를 할때는 안전이 제일이다.
42. 비옥한 농토에서는 곡식이 잘자란다.

※ 다음 뜻을 가진 단어를 쓰세요.

예 동쪽에 있는 바다 → 동해

43. 나라에 관한 일   → [   ]
44. 적어 넣음   → [   ]
45. 답안지   → [   ]
46. 마음에 새기어 두고 조심함 → [   ]
47. 아랫사람에게 물음   → [   ]
48. 늙은 나이   → [   ]
49. 바둑이나 장기에서 먼저 두는 일 → [   ]
50. 바다 위   → [   ]

각 유형별 문제익히기 정답

두음법칙속 독음[41쪽]
1. 국립 2. 도로 3. 입춘 4. 노상 5. 화력 6. 이장 7. 임야
8. 입하 9. 농림 10. 여인 11. 이자 12. 예복 13. 사례 14. 신록
15. 노모 16. 역도 17. 남녀 18. 예사 19. 입동 20. 여자 21. 낙원
22. 가례 23. 안락 24. 동리

각 유영별 문제익히기[47쪽]
1. 반성 2. 양약 3. 동의 4. 다행 5. 예식 6. 차창 7. 황해
8. 천행 9. 음악 10. 과학 11. 유지 12. 현물 13. 출석 14. 사용
15. 특활 16. 노선 17. 주체 18. 화급 19. 영재 20. 화음 21. 만병
22. 용기 23. 야전 24. 주야 25. 대리 26. 재기 27. 현재 28. 속구
29. 문장 30. 설화 31. 명태 32. 제호 33. 미술 34. 변소 35. 편리
36. 후원 37. 애용 38. 양복 39. 교훈 40. 특별 41. 시사 42. 입동
43. 명명 44. 자연 45. 효행 46. 대화 47. 친화 48. 석양 49. 산수
50. 편지 51. 주유 52. 형식 53. 작용 54. 매일 55. 소화 56. 제자
57. 군내 58. 공기 59. 각반 60. 학급 61. 고등 62. 반성 63. 생례
64. 집합 65. 국운 66. 부재 67. 가정 68. 교대 69. 집회 70. 제목
71. 휴일 72. 영원 73. 속도 74. 탁지 75. 주의

각 유영별 문제익히기[48쪽]
1. 효친 2. 식수 3. 특급 4. 정원 5. 입석 6. 군기 7. 창문
8. 효녀 9. 직선 10. 면장 11. 근본 12. 영재 13. 조회 14. 승리
15. 번호 16. 태양 17. 예식 18. 오감 19. 분반 20. 영어 21. 가문
22. 고서 23. 발표 24. 부정 25. 불신 26. 사회 27. 공식 28. 대로
29. 강약 30. 평화 31. 풍향 32. 상서 33. 야구 34. 노선 35. 휴전
36. 일출 37. 만병 38. 운명 39. 행운 40. 가훈 41. 발음 42. 소화
43. 음악 44. 요산 45. 체육 46. 약초 47. 실신 48. 평야 49. 구별
50. 문명 51. 매년 52. 발화 53. 은행 54. 선조 55. 미술 56. 표현
57. 농업 58. 읍내 59. 수차 60. 인력거 61. 동창 62. 수립 63. 명의
64. 화실 65. 제목 66. 교실 67. 공휴일 68. 장손 69. 감동 70. 휴지
71. 회화 72. 계산 73. 백성 74. 지도 75. 신동

각 유영별 문제익히기[49쪽]
1. 출현 2. 동작 3. 국군 4. 민족 5. 전기 6. 승리 7. 개통
8. 번지 9. 집합 10. 사회 11. 계산 12. 강약 13. 직통 14. 동구
15. 태양 16. 전사 17. 병자 18. 태조 19. 본부 20. 전선 21. 직각
22. 성공 23. 급속 24. 원근 25. 온화 26. 전후 27. 광선 28. 태고
29. 용지 30. 중등 31. 번호 32. 미녀 33. 장단 34. 노부 35. 신호
36. 문장 37. 주민 38. 음식 39. 전기 40. 민족 41. 활동 42. 천재
43. 왕자 44. 발명 45. 가훈 46. 읍장 47. 은행 48. 표기 49. 육성
50. 고속 51. 단명 52. 의복 53. 운명 54. 시작 55. 공기 56. 휴교
57. 농토 58. 중등 59. 외국어 60. 자동차 61. 야생화 62. 지평선
63. 운동회 64. 역부족 65. 연년생 66. 지하실 67. 백년초
68. 백일장 69. 휴화산 70. 활화산 71. 학부형 72. 출입문
73. 천문학 74. 지구촌 75. 교육장

각 유영별 문제익히기[50쪽]
1. 발족 2. 은은 3. 거레족 4. 꽃부리영 5. 차례제 6. 사귈교 7. 부을주
8. 약약 9. 옮길운 10. 바다해 11. 제목제 12. 대할대 13. 집당
14. 바람풍 15. 기를육 16. 향할향 17. 여름하 18. 머리두 19. 푸를록
20. 부릴사, 하여금사 21. 법식례 22. 기름유 23. 누를황 24. 손자손
25. 나무수 26. 마당장 27. 종이지 28. 편안할안 29. 그럴연 30. 오를등
31. 형상형 32. 공구 33. 멀원 34. 따뜻할온 35. 공공 36. 이름호
37. 노래가 38. 빛색 39. 고을군 40. 겉표 41. 새로울신 42. 셈할산
43. 큰바다양 44. 셈계 45. 쓸고 46. 많다 47. 예도례 48. 필발
49. 골동 50. 뜻의 51. 물을문 52. 친할친, 어버이친 53. 대답할답
54. 열개 55. 뿌리근 56. 아이동 57. 살활 58. 느낄감 59. 오를등
60. 가까울근 61. 길영 62. 매양매 63. 심을식 64. 짧을단 65. 저자시
66. 믿을신 67. 들을문 68. 기운기 69. 차례번 70. 들야 71. 한국한
72. 자리석 73. 다스릴리 74. 기기 75. 집실

각 유영별 문제익히기[51쪽]
1. 셈수 2. 놓을방 3. 기다릴대 4. 공구 5. 일만만 6. 물건물
7. 아우제 8. 종이지 9. 창창 10. 마실음 11. 때시 12. 마디촌 13. 눈설
14. 약약약 15. 의원의 16. 한가지공 17. 집가 18. 수풀림 19. 마을리
20. 조상조 21. 법식 22. 먼저선 23. 업업 24. 군사군 25. 남녘남
26. 열개 27. 모일회 28. 겉표 29. 쉴휴 30. 나눌반 31. 날랠용
32. 사랑할애 33. 어제작 34. 밤야 35. 누를황 36. 말씀화 37. 무거울중
38. 돌이킬반 39. 병병 40. 머리두 41. 손자손 42. 바다해 43. 몸신
44. 특별할특 45. 움직일동 46. 모일사 47. 군사군 48. 구분할구 49. 볕양
50. 거레족 51. 빌공 52. 급할급 53. 서울경 54. 짧을단 55. 마실음
56. 향할향 57. 평평할평 58. 과목과 59. 법식 60. 낮면 61. 앞전
62. 근본본 63. 낮주 64. 뜰정 65. 빠를속 66. 재주재 67. 강할강
68. 아침조 69. 자리석 70. 말씀어 71. 마을촌 72. 기술술 73. 열매과
74. 뒤후 75. 쓸용

각 유영별 문제익히기[52쪽]
1. ③ 2. ① 3. ③ 4. ① 5. ② 6. ④ 7. ④ 8. ③ 9. ① 10. ④
11. ④ 12. ① 13. ③ 14. ① 15. ③ 16. ① 17. ④ 18. ① 19. ① 20. ②
21. ④ 22. ③ 23. 每事 24. 老後 25. 市立 26. 百姓 27. 面長 28. 老年
29. 男便 30. 氣色 31. 女學生 32. 不足 33. 장면 34. 전공 35. 좌수
36. 지면 37. 해면 38. 안주 39. 국립 40. 산촌

각 유영별 문제익히기[53쪽]
1. ③ 2. ① 3. ④ 4. ② 5. ① 6. ② 7. ① 8. ④ 9. ④ 10. ②
11. ③ 12. ④ 13. ① 14. ② 15. ② 16. ③ 17. ② 18. ② 19. ② 20. ③
21. ② 22. ① 23. ① 24. ③ 25. ② 26. ④ 27. ③ 28. ② 29. ③ 30. ④
31. 不平 32. 農夫 33. 入場 34. 家門 35. 植物 36. 學校 37. 來韓
38. 空氣 39. 江村 40. 大海

각 유영별 문제익히기[54쪽]
1. ② 2. ③ 3. ④ 4. ① 5. ③ 6. ① 7. ④ 8. ② 9. ④ 10. ②
11. ① 12. ③ 13. ③ 14. ① 15. ③ 16. ① 17. ③ 18. ② 19. ④ 20. ②
21. ① 22. ③ 23. ③ 24. ① 25. ③ 26. ③ 27. ① 28. ① 29. ④ 30. ④
31. ① 32. ④ 33. 同氣 34. 前年 35. 祖國 36. 便安 37. 學生 38. 先金
39. 左右 40. 每日 41. 工事 42. 農土 43. 국사 44. 기입 45. 답지
46. 주의 47. 하문 48. 노년 49. 선수 50. 해상

한자능력 검정시험
6급 예상문제(1~13회)

지금까지 여러분은
기본학습과정을 거쳐
각 유형별 문제익히기를
성심껏 공부해 왔으므로
이제는 예상문제를 풀 차례입니다.
시험에서 틀리는 문제는
3회이상 써보고 암기한후에
다음회를 풀기 바랍니다.
정답은 121쪽에 있음.

[問 1-33] 다음 漢字語의 讀音을 쓰시오.

例 漢字 → 한자

1. 書堂 [   ]   2. 溫度 [   ]

3. 出席 [   ]   4. 平野 [   ]

5. 急行 [   ]   6. 正面 [   ]

7. 音讀 [   ]   8. 多數 [   ]

9. 左右 [   ]   10. 注意 [   ]

11. 洋藥 [   ]   12. 昨年 [   ]

13. 反省 [   ]   14. 代理 [   ]

15. 農業 [   ]   16. 路線 [   ]

17. 溫和 [   ]   18. 運動 [   ]

19. 石油 [   ]   20. 使用 [   ]

21. 多幸 [   ]   22. 邑內 [   ]

23. 病者 [   ]   24. 美術 [   ]

25. 始作 [   ]   26. 朝夕 [   ]

27. 水道 [   ]   28. 登校 [   ]

29. 日出 [   ]   30. 番號 [   ]

31. 林野 [   ]   32. 題目 [   ]

33. 歌手 [   ]

[問 34-55] 다음 漢字의 訓과 音을 쓰세요.

例 字 → 글자 자

34. 今 [   ]   35. 南 [   ]

36. 李 [   ]   37. 海 [   ]

38. 內 [   ]   39. 東 [   ]

40. 家 [   ]   41. 雪 [   ]

42. 不 [   ]   43. 育 [   ]

44. 公 [   ]   45. 本 [   ]

46. 信 [   ]   47. 春 [   ]

48. 姓 [   ]   49. 郡 [   ]

50. 油 [   ]   51. 現 [   ]

52. 綠 [   ]   53. 線 [   ]

54. 事 [   ]   55. 感 [   ]

[問 56-65] 다음 밑줄친 漢字語를 漢字로 쓰세요.

例 한자 → 漢字

56. 아버지의 동생은 나에게는 삼촌이 된다.

57. 봄과 가을을 춘추라고 하는데 어른들의
    나이에 대한 높힘말이기도 하다.

58. 할아버지, 할머니를 조부모라고 한다.

59. 결혼은 가정의 중대한 일이다.

60. 명절때는 조상의 산소를 많이 찾는다.

61. 수평선 저 너머에서 해가 떠오른다.

62. 역도 선수들은 체격이 크다.

63. 돈이 부족 하여 그것을 살수 없다.

64. 세계의 유명한 운동선수들 중 백만
    장자가 많다.

65. 할머니는 돌아가셨지만 그 생전의
    모습이 떠오른다.

[問 66-76] 다음 낱말을 漢字로 쓰세요.

66. 생기(싱싱하고 힘찬 기운)　[　　　]

67. 일심(한마음)　[　　　]

68. 자가(자기의 집)　[　　　]

69. 수기(자기의 체험을 손수 적음)　[　　　]

70. 외래어(외국어가 국어처럼 쓰이는 말)　[　　　]

71. 서방(서유럽의 자유주의국가)　[　　　]

72. 전산(컴퓨터로 계산함)　[　　　]

73. 오전(낮 12시 이전)　[　　　]

74. 연로(나이가 많아서 늙음)　[　　　]

75. 천추(긴세월, 먼미래)　[　　　]

76. 천연(사람의 힘을 가하지 않은
저절로 이루어진 상태)　[　　　]

[問 77-79] 다음 漢字의 反對字, 또는 相對字
(상대자)를 골라 그 번호를 쓰세요.

77. 出 : ① 主　② 祖　③ 全　④ 入
78. 和 : ① 戰　② 入　③ 病　④ 對
79. 現 : ① 運　② 感　③ 消　④ 綠

[問 80-81] 다음 漢字와 뜻이 비슷한 漢字를
골라 그 번호를 쓰세요.

80. 班 : ① 別　② 休　③ 事　④ 色
81. 堂 : ① 室　② 登　③ 後　④ 各

[問 82-83] 다음 (　)에 들어갈 漢字를 [例]에
서 찾아 그 번호를 쓰세요.

例　① 孫　② 大
③ 多　④ 計

82. 百年大[　　　]
83. 同時[　　　]發

[問 84-85] 다음에서 소리는 같으나 뜻이
다른 漢字를 골라 그 번호를 쓰세요.

84. 意 : ① 孝　② 醫　③ 安　④ 問
85. 夜 : ① 野　② 登　③ 外　④ 陽

[問 86-87] 다음 뜻을 가진 단어를 쓰세요.

例　흰꽃 → [백화]

86. 올해 → [　　　　]
87. 위와 아래 → [　　　　]

[問 88-90] 다음 물음에 답하세요.

88. 事　㉠획의 쓰는 순서를 아래에서
골라 그 번호를 쓰세요.(　　)

① 다섯 번째　② 여섯 번째
③ 일곱 번째　④ 여덟 번째

89. 世　㉠획의 쓰는 순서를 아래에서
골라 그 번호를 쓰세요.(　　)

① 두 번째　② 다섯 번째
③ 네 번째　④ 여섯 번째

90. 色　㉠획의 쓰는 순서를 아래에서
골라 그 번호를 쓰세요.(　　)

① 네 번째　② 다섯 번째
③ 여섯 번째　④ 일곱 번째

합격점수 : 63점
제한시간 : 50분

[問 1-33] 다음 漢字語의 讀音을 쓰세요.

例 漢字 → 한자

1. 先祖 [   ]   2. 公園 [   ]

3. 音樂 [   ]   4. 溫度 [   ]

5. 運動 [   ]   6. 出現 [   ]

7. 體育 [   ]   8. 野球 [   ]

9. 靑色 [   ]   10. 道路 [   ]

11. 學校 [   ]   12. 平野 [   ]

13. 美國 [   ]   14. 紙面 [   ]

15. 敎場 [   ]   16. 食堂 [   ]

17. 午後 [   ]   18. 家門 [   ]

19. 圖章 [   ]   20. 育成 [   ]

21. 子孫 [   ]   22. 苦待 [   ]

23. 英語 [   ]   24. 全部 [   ]

25. 神話 [   ]   26. 風習 [   ]

27. 民族 [   ]   28. 作業 [   ]

29. 童話 [   ]   30. 近親 [   ]

31. 動物 [   ]   32. 失神 [   ]

33. 地形 [   ]

[問 34-55] 다음 漢字의 訓과 音을 쓰세요.

例 字 → 글자 자

34. 界 [   ]   35. 古 [   ]

36. 色 [   ]   37. 命 [   ]

38. 旗 [   ]   39. 民 [   ]

40. 新 [   ]   41. 放 [   ]

42. 白 [   ]   43. 路 [   ]

44. 校 [   ]   45. 消 [   ]

46. 足 [   ]   47. 登 [   ]

48. 江 [   ]   49. 長 [   ]

50. 花 [   ]   51. 郡 [   ]

52. 空 [   ]   53. 男 [   ]

54. 堂 [   ]   55. 第 [   ]

[問 56-75] 다음 밑줄친 漢字語를 漢字로 쓰세요.

例 한자 → 漢字

56. 청천 하늘인데 비가올리 없다.

57. 외출할때는 문을 잘 잠근다.

58. 너무 오래 달려서 기력이 거의 떨어졌다.

59. 우리반 선생님은 매일 결석한 학생을
    기명해 두신다.

60. 하얀꽃을 백화라고 한다.

61. 남을 위해 평생동안 좋은일만 했다.

62. 자동차 운전면허시험을 봤다.

63. 오늘 학교수업은 오전에 끝났다.

64. 바다에서 생산된것을 해물이라고 한다.

65. 팔도 강산은 한반도 전체를 말한다.

66. 손가락에 백금 반지를 끼웠다.

67. 나의 형은 대학생이다.

68. 형제중에 첫째 아들이 장남이다.

69. 태양은 천지를 환하게 밝힌다.

70. 화재 사건이 동시에 여러곳에서 생겼다.

71. 말은 장소와 때를 가려서 해야 한다.

72. 효도하는 일에 남녀가 따로 없다.

73. 남북한 회담이 열렸다.

74. 서울 도심속의 남산은 좋은 휴식처이다.

75. 젊은이는 노인을 공경할줄 알아야 한다.

[問 76-78] 다음 漢字의 反對字, 또는 相對字 (상대자)를 골라 그 번호를 쓰세요.

76. 新 : ① 秋 ② 春 ③ 古 ④ 聞
77. 手 : ① 身 ② 足 ③ 命 ④ 面
78. 上 : ① 力 ② 場 ③ 男 ④ 下

[問 79-81] 다음 漢字와 뜻이 비슷한 漢字를 골라 그 번호를 쓰세요.

79. 午 : ① 夕 ② 昨 ③ 飮 ④ 晝
80. 身 : ① 失 ② 勝 ③ 體 ④ 消
81. 樹 : ① 木 ② 特 ③ 窓 ④ 才

[問 82-83] 다음 ( )에 들어갈 漢字를 [例]에서 찾아 그 번호를 쓰세요.

例
① 西   ② 成
③ 海   ④ 和

82. 人山人[   ]   83. 東問[   ]答

[問 84-85] 다음에서 소리는 같으나 뜻이 다른 漢字를 골라 그 번호를 쓰세요.

84. 冬 : ① 各 ② 飮 ③ 洞 ④ 窓
85. 地 : ① 球 ② 放 ③ 理 ④ 紙

[問 86-87] 다음 뜻을 가진 단어를 쓰세요.

例 흰꽃 → [백화]

86. 그땅에 살고 있는 백성 → [   ]
87. 산과 숲 → [   ]

[問 88-90] 다음 물음에 답하세요.

88. 服 ㉠획의 쓰는 순서를 아래에서 골라 그 번호를 쓰세요.(   )

① 다섯 번째   ② 여섯 번째
③ 일곱 번째   ④ 여덟 번째

89. 病 ㉠획의 쓰는 순서를 아래에서 골라 그 번호를 쓰세요.(   )

① 다섯 번째   ② 일곱 번째
③ 여덟 번째   ④ 아홉 번째

90. 米 ㉠획의 쓰는 순서를 아래에서 골라 그 번호를 쓰세요.(   )

① 첫 번째   ② 두 번째
③ 세 번째   ④ 네 번째

합격점수 : 63점
제한시간 : 50분

[問 1-33] 다음 漢字語의 讀音을 쓰세요.

例 漢字 → 한자

1. 感氣 [   ]   2. 集合 [   ]

3. 午後 [   ]   4. 山村 [   ]

5. 衣服 [   ]   6. 食事 [   ]

7. 圖面 [   ]   8. 畫集 [   ]

9. 注油 [   ]   10. 運動 [   ]

11. 例外 [   ]   12. 靑春 [   ]

13. 石油 [   ]   14. 洞里 [   ]

15. 時計 [   ]   16. 勇氣 [   ]

17. 字畫 [   ]   18. 計算 [   ]

19. 夜學 [   ]   20. 開場 [   ]

21. 生命 [   ]   22. 黃色 [   ]

23. 學問 [   ]   24. 校庭 [   ]

25. 特別 [   ]   26. 住所 [   ]

27. 部分 [   ]   28. 溫和 [   ]

29. 有利 [   ]   30. 親庭 [   ]

31. 自然 [   ]   32. 身體 [   ]

33. 道路 [   ]

[問 34-55] 다음 漢字의 訓과 音을 쓰세요.

例 字 → 글자 자

34. 死 [   ]   35. 百 [   ]

36. 先 [   ]   37. 休 [   ]

38. 小 [   ]   39. 禮 [   ]

40. 明 [   ]   41. 室 [   ]

42. 球 [   ]   43. 部 [   ]

44. 區 [   ]   45. 萬 [   ]

46. 車 [   ]   47. 夏 [   ]

48. 字 [   ]   49. 角 [   ]

50. 千 [   ]   51. 畫 [   ]

52. 有 [   ]   53. 野 [   ]

54. 級 [   ]   55. 放 [   ]

[問 56-66] 다음 밑줄친 漢字語를 漢字로 쓰세요.

例 한자 → 漢字

56. 자기 욕심만을 위해 불평해서는 안된다.

57. 성이 같으면 동성이라고 한다.

58. 7월이 되니 해수욕장이 활기를 띠었다.

59. 적군이 백기를 들고 항복했다.

60. 저의 삼촌은 해군이다.

61. 착한 사람은 중대한 일을 맡는다.

62. 천하보다 더 귀한 것은 사람의 생명이다.

63. 정원에 화초들이 무성하게 자란다.

64. 국경일에 국기를 게양한다.

65. 부모님께 하는 효도를 조부모님께도 해야한다.

66. 푸른 숲을 지나는 등산이 좋다.

[問 67-76] 다음 낱말을 漢字로 쓰세요.

67. 백미(희게 쓿은 멥쌀, 흰쌀)   [   ]

68. 평면(평평한 표면)   [   ]

69. 전기(전자의 이동으로 생기는 에너지의 한형태) [   ]

70. 명물(유명한 것, 이름난 것)   [   ]

71. 천문(천체의 모든 형상)   [   ]

72. 산출(계산해 냄)   [   ]

73. 사후(일이 지난후)   [   ]

74. 안심(아무 걱정없이 마음을 편히 가짐)   [   ]

75. 상하(위와 아래)   [   ]

76. 일시(날짜와 시간)   [   ]

[問 77-79] 다음 漢字의 反對字, 또는 相對字 (상대자)를 골라 그 번호를 쓰세요.

77. 心 : ① 意 ② 銀 ③ 溫 ④ 身

78. 日 : ① 月 ② 年 ③ 才 ④ 向

79. 分 : ① 級 ② 用 ③ 合 ④ 果

[問 80-81] 다음 漢字와 뜻이 비슷한 漢字를 골라 그 번호를 쓰세요.

80. 畵 : ① 圖 ② 晝 ③ 書 ④ 放

81. 正 : ① 反 ② 通 ③ 直 ④ 親

[問 82-83] 다음 ( )에 들어갈 漢字를 [例]에 서 찾아 그 번호를 쓰세요.

例 ① 族   ② 親
    ③ 八   ④ 英

82. 父子有[   ]

83. 十中[   ]九

[問 84-85] 다음에서 소리는 같으나 뜻이 다른 漢字를 골라 그 번호를 쓰세요.

84. 神 : ① 注 ② 在 ③ 親 ④ 新

85. 戰 : ① 然 ② 電 ③ 用 ④ 勇

[問 86-87] 다음 뜻을 가진 단어를 쓰세요.

例 맏아들 → [장남]

86. 꼿꼿이 바로 섬 → [   ]

87. 노래 부르는것을 직업으로 삼는 사람
                    → [   ]

[問 88-90] 다음 물음에 답하세요.

88. 地 ㉠획의 쓰는 순서를 아래에서 골라 그 번호를 쓰세요.(   )

① 다섯 번째   ② 일곱 번째
③ 여덟 번째   ④ 아홉 번째

89. 直 ㉠획의 쓰는 순서를 아래에서 골라 그 번호를 쓰세요.(   )

① 여덟 번째   ② 아홉 번째
③ 열 번째   ④ 열한 번째

90. 式 ㉠획의 쓰는 순서를 아래에서 골라 그 번호를 쓰세요.(   )

① 두 번째   ② 세 번째
③ 네 번째   ④ 다섯 번째

합격점수 : 63점
제한시간 : 50분

[問 1-33] 다음 밑줄 친 漢字語의 讀音을 쓰세요.

例 漢字 → 한자

1. 국군의 날은 <u>十月</u> 1일이다.
2. 8.15 해방이 되고 새정부가 <u>樹立</u>되었다.
3. 2차세계대전때 <u>戰車</u>의 활용은 매우 컸었다.
4. 방과후 <u>敎習</u>시간에 漢字를 배운다.
5. 수출은 <u>對外</u> 신용도가 높아야 한다.
6. <u>動物</u>은 식물을 먹고 산다.
7. 학교에 결석한 <u>理由</u>가 있었다.
8. 약속은 생활속에서 <u>口頭</u>로 이루어진다.
9. 그는 <u>强直</u>한 사람이니 믿을수 있다.
10. 연날리기는 정월대보름날의 <u>風習</u>이다.
11. 한국의 야구가 올림픽에서 <u>勝利</u>하였다.
12. 꾸준한 운동으로 <u>病弱</u>한 체질이 강해졌다.
13. 어떤 각도에서는 보이지 않는 범위가 <u>死角</u> 지대이다.
14. 사각형엔 <u>直角</u>이 4개가 있다.
15. 누구나 꼭해야하는 <u>命題</u>를 지녔다.
16. 나는 <u>計算</u>할때 암산으로 한다.
17. 건강하려면 <u>飮食</u>을 적당히 먹어야 한다.
18. 수험생은 정신적 <u>安定</u>이 필요하다.
19. 착한 사람은 <u>禮度</u>를 잘지킨다.
20. 살인범이 <u>現場</u>에서 붙잡혔다.
21. 군인들이 <u>軍旗</u>를 들고 도보행렬을 하였다.
22. 일요일엔 <u>野球</u>경기장에 가끔 간다.
23. 8월은 뜨거운 <u>太陽</u>의 계절이다.
24. 봄에 내리는 눈을 <u>春雪</u>이라고 한다.
25. 큰 <u>幸運</u>을 바라고 복권을 산다.
26. 말을 잘하는 뛰어난 <u>話術</u>은 많은 지식에서 나온다.
27. 택시 탈때는 모르는 사람과 <u>合席</u>을 할때도 있다.
28. 많은 과학자를 <u>育成</u>해야 강국이 된다.
29. 깨끗한 <u>便所</u>는 상쾌한 기분을 준다.
30. 배가 아파 <u>內科</u>에서 치료를 받았다.
31. 버려진 땅을 <u>開發</u>하여 농사를 지었다.
32. 모든 범죄예방은 <u>現時</u>에서 어렵다.
33. 한겨울의 <u>風雪</u>은 매우 차겁다.

[問 34-55] 다음 漢字의 訓과 音을 쓰세요.

例 字 → 글자 자

34. 動 [   ]
35. 時 [   ]
36. 根 [   ]
37. 全 [   ]
38. 八 [   ]
39. 間 [   ]
40. 上 [   ]
41. 祖 [   ]
42. 分 [   ]
43. 植 [   ]
44. 氣 [   ]
45. 由 [   ]
46. 中 [   ]
47. 住 [   ]
48. 學 [   ]
49. 語 [   ]
50. 道 [   ]
51. 直 [   ]
52. 年 [   ]
53. 科 [   ]
54. 地 [   ]
55. 强 [   ]

[問 56-75] 다음 밑줄친 漢字語를 漢字로 쓰세요.

例 한자 → 漢字

56. 전국에 유명한 관광<u>명소</u>가 많다.
57. 우리나라 <u>국화</u>는 무궁화이다.
58. 집대문 위에 <u>주소</u>가 적혀 있다.
59. 점심식사를 <u>정오</u>에 한다.
60. 조립식 장난감을 <u>삼천</u>원주고 샀다.
61. <u>국군</u>용사들께 위문편지를 보낸다.
62. 가을이 되니 <u>산천</u>초목들이 붉게 물들었다.
63. 4월 5일은 <u>식목</u>일이다.
64. 사람이 먹어서 늙지 않는 풀이 <u>불로초</u>일것이다.
65. 동양사람들의 <u>주식</u>은 대체로 쌀이다.

66. 문을 <u>출입</u>할때는 공손히 하라.

67. 마을주민들이 사는곳을 <u>동리</u>라고 한다.

68. 요즘 <u>해외</u> 여행객이 많아졌다.

69. <u>소년</u> 시절의 꿈이 이루어졌다.

70. 눈이 많이 와서 <u>휴교</u>령이 내려졌다.

71. 사람은 <u>매사</u>에 성실해야 한다.

72. 우리학교 <u>등교</u> 시간은 8시이다.

73. 어제는 <u>전국</u>에 비가 왔다.

74. 농어촌의 <u>학생</u> 수가 줄고 있다.

75. <u>생일</u> 파티에 친구들을 초대했다.

[問 76-78] 다음 漢字의 反對字, 또는 相對字 (상대자)를 골라 그 번호를 쓰세요.

76. 朝 : ① 午 ② 夕 ③ 班 ④ 例
77. 晝 : ① 禮 ② 自 ③ 夜 ④ 各
78. 兄 : ① 弟 ② 母 ③ 代 ④ 童

[問 79-81] 다음 漢字와 뜻이 비슷한 漢字를 골라 그 번호를 쓰세요.

79. 道 : ① 角 ② 路 ③ 席 ④ 園
80. 長 : ① 永 ② 部 ③ 分 ④ 消
81. 衣 : ① 式 ② 信 ③ 服 ④ 育

[問 82-83] 다음 ( )에 들어갈 漢字를 [例]에서 찾아 그 번호를 쓰세요.

例 ① 用   ② 清
    ③ 和   ④ 春

82. 世界平[   ]   83. [   ]風明月

[問 84-85] 다음에서 소리는 같으나 뜻이 다른 漢字를 골라 그 번호를 쓰세요.

84. 韓 : ① 形 ② 漢 ③ 百 ④ 夜
85. 命 : ① 名 ② 公 ③ 別 ④ 英

[問 86-87] 다음 뜻을 가진 단어를 쓰세요.

例 흰꽃 → [백화]

86. 식사하기 전 → [   ]

87. 농사짓는 마을 → [   ]

[問 88-90] 다음 漢字한자의 진하게 표시한 획은 몇 번째 쓰는지 〈보기〉에서 찾아 그 번호를 쓰세요.

< 보 기 >
① 첫 번째   ② 두 번째
③ 세 번째   ④ 네 번째
⑤ 다섯 번째   ⑥ 여섯 번째

88.

89.

90.

합격점수 : 63점
제한시간 : 50분

[問 1-33] 다음 漢字語의 讀音을 쓰세요.

例　漢字 → 한자

1. 風樂 [　　] 　　2. 近代 [　　]

3. 國運 [　　] 　　4. 由來 [　　]

5. 漢藥 [　　] 　　6. 姓名 [　　]

7. 特急 [　　] 　　8. 分班 [　　]

9. 陽地 [　　] 　　10. 消失 [　　]

11. 番號 [　　] 　　12. 急使 [　　]

13. 別世 [　　] 　　14. 題目 [　　]

15. 各自 [　　] 　　16. 醫藥 [　　]

17. 食飮 [　　] 　　18. 答信 [　　]

19. 果樹 [　　] 　　20. 社會 [　　]

21. 成功 [　　] 　　22. 親族 [　　]

23. 名作 [　　] 　　24. 共通 [　　]

25. 韓醫 [　　] 　　26. 使命 [　　]

27. 活動 [　　] 　　28. 角度 [　　]

29. 信號 [　　] 　　30. 海物 [　　]

31. 親庭 [　　] 　　32. 立體 [　　]

33. 事由 [　　]

[問 34-55] 다음 漢字의 訓과 音을 쓰세요.

例　字 → 글자 자

34. 畵 [　　] 　　35. 方 [　　]

36. 場 [　　] 　　37. 西 [　　]

38. 交 [　　] 　　39. 用 [　　]

40. 電 [　　] 　　41. 工 [　　]

42. 勇 [　　] 　　43. 服 [　　]

44. 醫 [　　] 　　45. 永 [　　]

46. 便 [　　] 　　47. 現 [　　]

48. 美 [　　] 　　49. 前 [　　]

50. 主 [　　] 　　51. 母 [　　]

52. 作 [　　] 　　53. 多 [　　]

54. 京 [　　] 　　55. 里 [　　]

[問 56-65] 다음 밑줄친 漢字語를 漢字로 쓰세요.

例　한자 → 漢字

56. 목포에서 서울까지는 천리도 넘는다.

57. 우리나라는 동방에서 가장 아름다운
　　나라이다.

58. 가끔 온 식구가 외식할때도 있다.

59. 좋은 책 한권이 만금보다 더 값이 있다.

60. 컴퓨터에 중요한 정보를 입력한다.

61. 신발장을 목공소에서 만들어 왔다.

62. 자유는 민주 국가에서 누릴 수 있다.

63. 손으로 짜는 옷들은 수공비가 비싸다.

64. 나는 휴일에 가끔 수영장에 간다.

65. 우리 조상들은 흰옷을 즐겨 입었다.

[問 66-75] 다음 낱말을 漢字로 쓰세요.

66. 의식주(생활에 필요한 의복,음식,주택) [   ]

67. 백성(국민의 예스러운 말) [   ]

68. 수군(해군의 옛 명칭) [   ]

69. 만민(모든 국민) [   ]

70. 자정(밤 12시) [   ]

71. 동기(형제나 동기) [   ]

72. 수동(손으로 움직임) [   ]

73. 출구(나가는 문) [   ]

74. 효자(부모를 잘섬기는 아들) [   ]

75. 출동(일정한 목적을 실현하기 위하여 떠남) [   ]

[問 76-78] 다음 漢字의 反對字, 또는 相對字 (상대자)를 골라 그 번호를 쓰세요.

76. 春 : ① 夏 ② 足 ③ 平 ④ 秋

77. 天 : ① 地 ② 每 ③ 立 ④ 物

78. 言 : ① 邑 ② 行 ③ 出 ④ 不

[問 79-81] 다음 漢字와 뜻이 비슷한 漢字를 골라 그 번호를 쓰세요.

79. 共 : ① 者 ② 科 ③ 同 ④ 反

80. 度 : ① 醫 ② 式 ③ 交 ④ 功

81. 號 : ① 會 ② 名 ③ 油 ④ 作

[問 82-83] 다음 ( )에 들어갈 漢字를 [例]에 서 찾아 그 번호를 쓰세요.

例   ① 章   ② 本
     ③ 衣   ④ 正

82. 公明[   ]大

83. 白[   ]民族

[問 84-85] 다음에서 소리는 같으나 뜻이 다른 漢字를 골라 그 번호를 쓰세요.

84. 長 : ① 界 ② 場 ③ 角 ④ 書

85. 歌 : ① 郡 ② 發 ③ 家 ④ 題

[問 86-87] 다음 뜻을 가진 단어를 쓰세요.

例   흰꽃 → [백화]

86. 나가고 들어옴 → [   ]

87. 나라의 군대 → [   ]

[問 88-90] 다음 물음에 답하세요.

88.  命 ㉠획의 쓰는 순서를 아래에서 골라 그 번호를 쓰세요.(   )

① 여섯 번째   ② 일곱 번째
③ 여덟 번째   ④ 아홉 번째

89. 風 ㉠획의 쓰는 순서를 아래에서 골라 그 번호를 쓰세요.(   )

① 두 번째   ② 세 번째
③ 네 번째   ④ 다섯 번째

90. 犬 ㉠획의 쓰는 순서를 아래에서 골라 그 번호를 쓰세요.(   )

① 두 번째   ② 세 번째
③ 네 번째   ④ 다섯 번째

[問 1-33] 다음 漢字語의 讀音을 쓰세요.

例 漢字 → 한자

1. 表白 [　　]   2. 農樂 [　　]

3. 邑內 [　　]   4. 名醫 [　　]

5. 道術 [　　]   6. 公式 [　　]

7. 自習 [　　]   8. 社交 [　　]

9. 直線 [　　]   10. 發信 [　　]

11. 失業 [　　]   12. 公利 [　　]

13. 向學 [　　]   14. 多讀 [　　]

15. 正直 [　　]   16. 先祖 [　　]

17. 問答 [　　]   18. 戰線 [　　]

19. 童心 [　　]   20. 藥果 [　　]

21. 全力 [　　]   22. 讀書 [　　]

23. 作者 [　　]   24. 共和 [　　]

25. 英文 [　　]   26. 部下 [　　]

27. 溫室 [　　]   28. 式場 [　　]

29. 急速 [　　]   30. 年號 [　　]

31. 上京 [　　]   32. 江村 [　　]

33. 合計 [　　]

[問 34-55] 다음 漢字의 訓과 音을 쓰세요.

例 字 → 글자 자

34. 孝 [　　]   35. 社 [　　]

36. 黃 [　　]   37. 孫 [　　]

38. 病 [　　]   39. 共 [　　]

40. 飮 [　　]   41. 才 [　　]

42. 金 [　　]   43. 邑 [　　]

44. 秋 [　　]   45. 運 [　　]

46. 陽 [　　]   47. 神 [　　]

48. 體 [　　]   49. 衣 [　　]

50. 頭 [　　]   51. 軍 [　　]

52. 六 [　　]   53. 油 [　　]

54. 園 [　　]   55. 習 [　　]

[問 56-75] 다음 밑줄친 漢字語를 漢字로 쓰세요.

例 한자 → 漢字

56. 요즘가수들은 춤도 잘춘다.

57. 그 호텔은 바다를 향해 정면으로 서있다.

58. 고릴라는 직립하여 걸을수 있다.

59. 약속시간은 잘지켜야 한다.

60. 인력거는 자동차가 흔하지 않던 시절에 택시역할을 했다.

61. 유엔 본부에는 만국기가 게양된다.

62. 과학의 발달로 인간생활이 편해졌다.

63. 국민이 잘살려면 국가가 부강해야 한다.

64. 차도를 무단 횡단하면 안된다.

65. 강산의 빛깔은 계절따라 변한다.

66. 체력단련을 위해 하계 캠프에 참여했다.

67. 사람이 성공하면 출세했다고 한다.

68. 우리나라 기후는 춘하추동으로 나뉜다.

69. 여러과목중 수학이 재미있다.

70. 참된 사람 만드는 교육이 필요하다.

71. 갑자기 많은 비가 쏟아져서 산에 오르던 사람들이 하산하게 되었다.

72. 화살은 날아가 과녁에 명중되었다.

73. 동상은 언제나 부동자세로 서있다.

74. 부모형제 모두가 건강하다.

75. 건너편 언덕에 아파트 공사가 한창이다.

[問 76-78] 다음 漢字의 反對字, 또는 相對字 (상대자)를 골라 그 번호를 쓰세요.

76. 內 : ① 外 ② 速 ③ 行 ④ 族
77. 古 : ① 功 ② 今 ③ 來 ④ 空
78. 前 : ① 世 ② 後 ③ 祖 ④ 右

[問 79-81] 다음 漢字와 뜻이 비슷한 漢字를 골라 그 번호를 쓰세요.

79. 教 : ① 學 ② 本 ③ 訓 ④ 孝
80. 計 : ① 讀 ② 運 ③ 發 ④ 算
81. 歌 : ① 樂 ② 者 ③ 庭 ④ 現

[問 82-83] 다음 ( )에 들어갈 漢字를 [例]에 서 찾아 그 번호를 쓰세요.

例 ① 通   ② 區
    ③ 語   ④ 球

82. 野[   ]場   83. 外來[   ]

[問 84-85] 다음에서 소리는 같으나 뜻이 다른 漢字를 골라 그 번호를 쓰세요.

84. 行 : ① 會 ② 訓 ③ 現 ④ 幸
85. 弱 : ① 音 ② 藥 ③ 昨 ④ 洋

[問 86-87] 다음 뜻을 가진 단어를 쓰세요.

例 맏아들 → [장남]

86. 나라를 사랑함 → [   ]

87. 꽃과 풀   → [   ]

[問 88-90] 다음 물음에 답하세요.

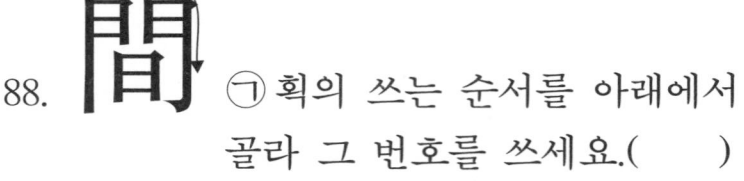

88. 間 ㉠획의 쓰는 순서를 아래에서 골라 그 번호를 쓰세요.(   )

① 다섯 번째   ② 일곱 번째
③ 여섯 번째   ④ 여덟 번째

89. 旗 ㉠획의 쓰는 순서를 아래에서 골라 그 번호를 쓰세요.(   )

① 두 번째   ② 세 번째
③ 네 번째   ④ 다섯 번째

90. 弟 ㉠획의 쓰는 순서를 아래에서 골라 그 번호를 쓰세요.(   )

① 네 번째   ② 다섯 번째
③ 여섯 번째   ④ 일곱 번째

합격점수 : 63점
제한시간 : 50분

[問 1-33] 다음 漢字語의 讀音을 쓰세요.

例 漢字 → 한자

1. 發光 [   ]   2. 來世 [   ]

3. 事理 [   ]   4. 世習 [   ]

5. 高級 [   ]   6. 急速 [   ]

7. 南北 [   ]   8. 同等 [   ]

9. 形式 [   ]   10. 植民 [   ]

11. 代用 [   ]   12. 失禮 [   ]

13. 所在 [   ]   14. 部族 [   ]

15. 病席 [   ]   16. 上空 [   ]

17. 親書 [   ]   18. 家門 [   ]

19. 公園 [   ]   20. 太古 [   ]

21. 苦樂 [   ]   22. 地形 [   ]

23. 全集 [   ]   24. 畵室 [   ]

25. 勇氣 [   ]   26. 球根 [   ]

27. 祖孫 [   ]   28. 太學 [   ]

29. 油畵 [   ]   30. 病苦 [   ]

31. 昨年 [   ]   32. 新式 [   ]

33. 出現 [   ]

[問 34-55] 다음 漢字의 訓과 音을 쓰세요.

例 字 → 글자 자

34. 出 [   ]   35. 藥 [   ]

36. 式 [   ]   37. 然 [   ]

38. 歌 [   ]   39. 遠 [   ]

40. 問 [   ]   41. 聞 [   ]

42. 感 [   ]   43. 入 [   ]

44. 表 [   ]   45. 近 [   ]

46. 午 [   ]   47. 少 [   ]

48. 業 [   ]   49. 功 [   ]

50. 敎 [   ]   51. 答 [   ]

52. 安 [   ]   53. 韓 [   ]

54. 記 [   ]   55. 農 [   ]

[問 56-75] 다음 밑줄친 漢字語를 漢字로 쓰세요.

例 한자 → 漢字

56. 사람은 일생동안 착하게 살아야 한다.

57. 애완동물을 보호하자.

58. 몸이 건강하면 편안히 살수 있다.

59. 분수에서 가로줄위에 있는 수가 분자이다.

60. 새떼들이 공중에 줄지어 날아갔다.

61. 주말농장에 가서 채소를 가꾼다.

62. 독도는 동해바다에 있는 우리의 영토이다.

63. 변소청소를 깨끗이 하자.

64. 시장에 가면 온갖 생선들이 많다.

65. 가을 농촌의 들녘은 황금빛이다.

[問 66-75] 다음 낱말을 漢字로 쓰세요.

66. 시장(시의 행정을 맡는 우두머리) [   ]

67. 청색(푸른 빛깔) [   ]

68. 시간(일정하게 정해진 때) [   ]

69. 소중(매우 귀함) [   ]

70. 안전(위험이나 고장날 염려가 없음) [   ]

71. 서편(서쪽편) [   ]

72. 출토(땅속에서 밖으로 나옴) [   ]

73. 형부(언니의 남편) [   ]

74. 지면(땅의 표면) [   ]

75. 답지(답이 적힌 종이) [   ]

[問 76-78] 다음 漢字의 反對字, 또는 相對字
(상대자)를 골라 그 번호를 쓰세요.

76. 民 : ① 姓 ② 人 ③ 夫 ④ 王
77. 長 : ① 千 ② 天 ③ 短 ④ 主
78. 生 : ① 死 ② 美 ③ 安 ④ 便

[問 79-80] 다음 漢字와 뜻이 비슷한 漢字를
골라 그 번호를 쓰세요.

79. 文 : ① 開 ② 急 ③ 章 ④ 利
80. 界 : ① 路 ② 區 ③ 孝 ④ 住

[問 81-82] 다음 ( )에 들어갈 漢字를 [例]에
서 찾아 그 번호를 쓰세요.

例 ① 愛   ② 語
    ③ 白   ④ 圖

81. [   ]國者   82. [   ]畵紙

[問 83-84] 다음에서 소리는 같으나 뜻이
다른 漢字를 골라 그 번호를 쓰세요.

83. 寸 : ① 村 ② 川 ③ 登 ④ 下
84. 記 : ① 動 ② 育 ③ 旗 ④ 價

[問 85-87] 다음 뜻을 가진 단어를 쓰세요.

例 맏아들 → [장남]

85. 어버이를 잘섬기지 못한 행위 → [   ]
86. 군에서 부대를 대표하는 기   → [   ]
87. 일정한 지역에 살고 있는 사람 → [   ]

[問 88-90] 다음 물음에 답하세요.

88. 朝  ㉠획의 쓰는 순서를 아래에서
골라 그 번호를 쓰세요.(   )

① 일곱 번째   ② 아홉 번째
③ 열 번째   ④ 열한 번째

89. 今 ㉠획의 쓰는 순서를 아래에서
골라 그, 번호를 쓰세요.(   )

① 네 번째   ② 세 번째
③ 여섯 번째   ④ 다섯 번째

90. 正 ㉠획의 쓰는 순서를 아래에서
골라 그 번호를 쓰세요.(   )

① 두 번째   ② 세 번째
③ 네 번째   ④ 다섯 번째

[問 1-33] 다음 밑줄 친 漢字語의 讀音을 쓰세요.

例 漢字 → 한자

1. 쓰레기를 함부로 路上에 버려서는 안된다.
2. 말을 못하는 장애인에겐 손짓으로 하는 手話로 해야한다.
3. 무르익은 가을들녘이 黃色이다.
4. 고속전철은 최고속의 急行 열차이다.
5. 자원봉사자들의 지원으로 和氣가 넘쳤다.
6. 배터리가 放電되어 시동이 걸리지 않았다.
7. 포부는 크지만 意圖대로 될지 모르겠다.
8. 남편이 아내보다 年下인 부부도 많다.
9. 그녀는 어릴때부터 골프에 頭角을 나타냈다.
10. 계약은 서로가 對等한 위치에서 맺게된다.
11. 쇠고기도 等級에 따라 값이 다르다.
12. 인간이 果然 100m를 8초대에 달릴수 있을까?
13. 맥가이버는 多才 다능하여 못할 일이 없다.
14. 세상에 永遠한 물건은 없다.
15. 삼촌은 교회에서 결혼 禮式을 올렸다.
16. 그는 외국에서 살만큼 英語를 잘한다.
17. 시험때가 되니 多急해서 밤샘공부를 했다.
18. 비상通路가 막혀 옥상으로 대피했다.
19. 차에 기름을 注油할때는 엔진을 끈다.
20. 아시아주는 東洋, 아메리카주는 서양에 속한다.
21. 날씨가 좋은데 空然히 우산을 가져왔구나.
22. 누구나 나이가 많으면 重病에 걸리기 쉽다.
23. 고층건물에 아름답게 그어진 美線이 장엄하다.
24. 수분을 많이 섭취하면 小便을 자주 본다.
25. 사용하는 말과 글이 같으면 言文 일치이다.
26. 성적이 나빠서 體面이 서지 않았다.
27. 열심히 노력하면 좋은 成果를 얻게 된다.
28. 참된 청소년으로 育成하는것이 필요하다.
29. 나쁜일에는 분명히 反對해야 한다.
30. 추운 겨울밤 白雪이 내렸다.
31. 싸우는 場面이 사진기에 찍혔다.
32. 병원은 病者를 치료하는 곳이다.
33. 확실한 증거말고도 六感으로 알아낼수도 있다.

[問 34-55] 다음 漢字의 訓과 音을 쓰세요.

例 字 → 글자 자

34. 村 [   ]   35. 高 [   ]
36. 第 [   ]   37. 術 [   ]
38. 漢 [   ]   39. 冬 [   ]
40. 後 [   ]   41. 注 [   ]
42. 使 [   ]   43. 失 [   ]
44. 洞 [   ]   45. 數 [   ]
46. 面 [   ]   47. 天 [   ]
48. 孫 [   ]   49. 題 [   ]
50. 英 [   ]   51. 通 [   ]
52. 對 [   ]   53. 淸 [   ]
54. 國 [   ]   55. 秋 [   ]

[問 56-75] 다음 밑줄친 漢字語를 漢字로 쓰세요.

例 한자 → 漢字

56. 우리 교실은 겨울에 햇볕이 잘든다.

57. 나는 매일 아침 7시경에 일어난다.

58. 근처 군부대에서 군가 소리가 들린다.

59. 봄이 되면 나무가지에서 신록이 돋아난다.

60. 교장선생님이 학교나무를 가꾸신다.

61. 바다를 지키는 군대는 해군이다.

62. 나라를 지키는 국군장병들 때문에 국민이 안주할수 있다.

63. 금강산은 세계에서도 유명한 산이다.

64. 전국 백일장 서예부문에서 입상하였다.

65. 할아버지댁에 들려 문안 인사를 드렸다.

66. 사람은 <u>자연</u>과 더불어 살아간다.

67. 오늘의 일을 <u>내일</u>로 미루지 말라.

68. 해외동포들은 <u>모국</u>을 그리워한다.

69. 우리나라 전 <u>국토</u>에 푸른 숲을 가꾸자.

70. <u>서풍</u>을 하늬바람이라 한다.

71. 팔 또는 다리를 잘 움직이지 못한 환자들이 <u>자활</u> 치료를 받는다.

72. 밤에 자기전 <u>간식</u>을 먹는것은 좋지 않다.

73. 우리학교 <u>교문</u>은 언제나 열려 있다.

74. 훌륭한 사람이 태어난 <u>생가</u>는 널리 알려진다.

75. 회의는 <u>문답</u>식으로 진행되었다.

[問 76-78] 다음 漢字의 反對字, 또는 相對字 (상대자)를 골라 그 번호를 쓰세요.

76. 死 : ① 活 ② 和 ③ 分 ④ 社
77. 問 : ① 別 ② 等 ③ 間 ④ 答
78. 冬 : ① 車 ② 夏 ③ 東 ④ 頭

[問 79-81] 다음 漢字와 뜻이 비슷한 漢字를 골라 그 번호를 쓰세요.

79. 家 : ① 事 ② 堂 ③ 姓 ④ 村
80. 文 : ① 安 ② 然 ③ 時 ④ 書
81. 生 : ① 活 ② 花 ③ 體 ④ 食

[問 82-83] 다음 ( )에 들어갈 漢字를 [例]에 서 찾아 그 번호를 쓰세요.

例 ① 生 ② 苦
    ③ 遠 ④ 消

82. 同[   ]同樂   83. 不[   ]千里

[問 84-85] 다음에서 소리는 같으나 뜻이 다른 漢字를 골라 그 번호를 쓰세요.

84. 線 : ① 席 ② 近 ③ 先 ④ 算
85. 在 : ① 前 ② 才 ③ 朝 ④ 左

[問 86-87] 다음 뜻을 가진 단어를 쓰세요.

例 흰꽃 → [백화]

86. 밤에 먹는 음식 → [   ]
87. 초록빛   → [   ]

[問 88-90] 다음 漢字한자의 진하게 표시한 획은 몇 번째 쓰는지 〈보기〉에서 찾아 그 번호를 쓰세요.

< 보 기 >
① 첫 번째   ② 두 번째
③ 세 번째   ④ 네 번째
⑤ 다섯 번째   ⑥ 여섯 번째

88. 强

89. 東

90. 母

합격점수 : 63점
제한시간 : 50분

[問 1-33] 다음 漢字語의 讀音을 쓰세요.

例 漢字 → 한자

1. 新聞 [   ]   2. 便紙 [   ]

3. 強風 [   ]   4. 洋藥 [   ]

5. 神話 [   ]   6. 老弱 [   ]

7. 各班 [   ]   8. 和合 [   ]

9. 童話 [   ]   10. 先親 [   ]

11. 孫女 [   ]   12. 海運 [   ]

13. 用語 [   ]   14. 淸風 [   ]

15. 書信 [   ]   16. 金銀 [   ]

17. 里長 [   ]   18. 今番 [   ]

19. 農民 [   ]   20. 便安 [   ]

21. 庭園 [   ]   22. 感服 [   ]

23. 問病 [   ]   24. 童畫 [   ]

25. 利子 [   ]   26. 水戰 [   ]

27. 石油 [   ]   28. 萬古 [   ]

29. 有線 [   ]   30. 草綠 [   ]

31. 區間 [   ]   32. 近者 [   ]

33. 交感 [   ]

[問 34-55] 다음 漢字의 訓과 音을 쓰세요.

例 字 → 글자 자

34. 名 [   ]   35. 近 [   ]

36. 雪 [   ]   37. 特 [   ]

38. 習 [   ]   39. 章 [   ]

40. 夜 [   ]   41. 別 [   ]

42. 短 [   ]   43. 樹 [   ]

44. 代 [   ]   45. 計 [   ]

46. 親 [   ]   47. 飮 [   ]

48. 勝 [   ]   49. 五 [   ]

50. 幸 [   ]   51. 郡 [   ]

52. 算 [   ]   53. 明 [   ]

54. 等 [   ]   55. 向 [   ]

[問 56-65] 다음 밑줄친 漢字語를 漢字로 쓰세요.

例 한자 → 漢字

56. 누구나 가문의 명예를 귀하게 여긴다.

57. 농아자는 의사소통을 수화로 한다.

58. 집안식구가 함께 모여 식사를 한다.

59. 서해바다에서 꽃게잡이를 한다.

60. 풍년을 바라는 농부는 마음이 풍성하다.

61. 길을 건널때는 좌우를 잘 살핀다.

62. 자연을 잘 가꿔 후세에 물려준다.

63. 시험답안지에 성명을 꼭 적어야 한다.

64. 남극은 이 세상에서 가장 추운 곳이다.

65. 주인 잃은 강아지가 헤매고 있다.

[問 66-75] 다음 낱말을 漢字로 쓰세요.

66. 실내(방안) [   ]

67. 전력(온 힘) [   ]

68. 천금(엽전 천냥, 많은 돈이나 비싼 값) [   ]

69. 생활(생명을 가지고 활동함) [   ]

70. 식물(생물계를 동물과 함께 크게 둘로 나눈것의 하나) [   ]

71. 입금(돈이 들어옴) [   ]

72. 수족(손과 발) [   ]

73. 고공(높은 하늘) [   ]

74. 조부(할아버지) [   ]

75. 목수(나무를 다루어 집을 짓거나 여러가지 물건을 만드는 사람) [   ]

[問 76-78] 다음 漢字의 反對字, 또는 相對字 (상대자)를 골라 그 번호를 쓰세요.

76. 敎 : ① 區 ② 學 ③ 近 ④ 今
77. 南 : ① 石 ② 在 ③ 北 ④ 東
78. 左 : ① 右 ② 名 ③ 百 ④ 自

[問 79-81] 다음 漢字와 뜻이 비슷한 漢字를 골라 그 번호를 쓰세요.

79. 郡 : ① 雪 ② 待 ③ 强 ④ 邑
80. 根 : ① 本 ② 時 ③ 植 ④ 直
81. 花 : ① 色 ② 漢 ③ 草 ④ 黃

[問 82-83] 다음 ( )에 들어갈 漢字를 [例]에 서 찾아 그 번호를 쓰세요.

例 ① 同   ② 動
    ③ 野   ④ 夜

82. 運[   ]會   83. [   ]生花

[問 84-85] 다음에서 소리는 같으나 뜻이 다른 漢字를 골라 그 번호를 쓰세요.

84. 和 : ① 草 ② 萬 ③ 農 ④ 火
85. 南 : ① 男 ② 內 ③ 班 ④ 雪

[問 86-87] 다음 뜻을 가진 단어를 쓰세요.

例 맏아들 → [장남]

86. 산과 내   → [   ]
87. 유명한 장소 → [   ]

[問 88-90] 다음 물음에 답하세요.

88. 科 ㉠획의 쓰는 순서를 아래에서 골라 그 번호를 쓰세요.(   )

① 다섯 번째   ② 여섯 번째
③ 일곱 번째   ④ 여덟 번째

89. 區 ㉠획의 쓰는 순서를 아래에서 골라 그 번호를 쓰세요.(   )

① 다섯 번째   ② 두 번째
③ 세 번째   ④ 네 번째

90. 郡 ㉠획의 쓰는 순서를 아래에서 골라 그 번호를 쓰세요.(   )

① 일곱 번째   ② 여덟 번째
③ 열한 번째   ④ 열 번째

합격점수 : 63점
제한시간 : 50분

[問 1-33] 다음 漢字語의 讀音을 쓰세요.

例 漢字 → 한자

1. 短身 [   ]   2. 成形 [   ]

3. 運動 [   ]   4. 庭球 [   ]

5. 科目 [   ]   6. 部分 [   ]

7. 便通 [   ]   8. 敎室 [   ]

9. 古代 [   ]   10. 陽數 [   ]

11. 直言 [   ]   12. 林野 [   ]

13. 草堂 [   ]   14. 靑綠 [   ]

15. 區別 [   ]   16. 計畫 [   ]

17. 內服 [   ]   18. 韓藥 [   ]

19. 夏服 [   ]   20. 急所 [   ]

21. 立夏 [   ]   22. 樂園 [   ]

23. 正午 [   ]   24. 戰勝 [   ]

25. 敎育 [   ]   26. 不正 [   ]

27. 朝會 [   ]   28. 樂章 [   ]

29. 半夜 [   ]   30. 窓門 [   ]

31. 不在 [   ]   32. 風聞 [   ]

33. 表現 [   ]

[問 34-55] 다음 漢字의 訓과 音을 쓰세요.

例 字 → 글자 자

34. 線 [   ]   35. 文 [   ]

36. 度 [   ]   37. 席 [   ]

38. 省 [   ]   39. 醫 [   ]

40. 溫 [   ]   41. 半 : [   ]

42. 世 [   ]   43. 夫 : [   ]

44. 銀 [   ]   45. 合 : [   ]

46. 圖 [   ]   47. 者 : [   ]

48. 自 [   ]   49. 族 : [   ]

50. 記 [   ]   51. 各 : [   ]

52. 開 [   ]   53. 急 : [   ]

54. 所 [   ]   55. 米 : [   ]

[問 56-65] 다음 밑줄친 漢字語를 漢字로 쓰세요.

例 한자 → 漢字

56. 음력 7월 7일 밤을 칠석이라 한다.

57. 산에 오르니 초목이 무성하다.

58. 공사장에서 일할 인부가 필요하다.

59. 아파트 베란다의 창문이 이중으로
    되어 있다.

60. 벽에 걸린 아기의 백일 사진이 예쁘다.

61. 사람은 자연을 떠나서 살 수 없다.

62. 우리나라는 반만년의 역사를 지녔다.

63. 식사 시간은 즐겁게 보내야 한다.

64. 모든 부정행위는 없어져야 한다.

65. 울창한 산림속의 공기는 맑다.

[問 66-75] 다음 낱말을 漢字로 쓰세요.

66. 말씀 화   [   ]

67. 할아버지 조   [   ]

68. 그럴 연   [   ]

69. 목숨 명   [   ]

70. 뒤 후   [   ]

71. 노래 가   [   ]

72. 가르칠 교   [   ]

73. 움직일 동   [   ]

74. 올 래   [   ]

75. 편안할 안   [   ]

[問 76-78] 다음 漢字의 反對字, 또는 相對字 (상대자)를 골라 그 번호를 쓰세요.

76. 少 : ① 集   ② 多   ③ 米   ④ 正

77. 祖 : ① 定   ② 陽   ③ 孫   ④ 席

78. 空 : ① 京   ② 堂   ③ 放   ④ 有

[問 79-81] 다음 漢字와 뜻이 비슷한 漢字를 골라 그 번호를 쓰세요.

79. 術 : ① 白   ② 後   ③ 短   ④ 才

80. 式 : ① 病   ② 愛   ③ 例   ④ 前

81. 言 : ① 記   ② 話   ③ 漢   ④ 歌

[問 82-83] 다음 ( )에 들어갈 漢字를 [例]에서 찾아 그 번호를 쓰세요.

例   ① 姓   ② 四
     ③ 名   ④ 半

82. 同[   ]同本   83. [   ]海兄弟

[問 84-85] 다음에서 소리는 같으나 뜻이 다른 漢字를 골라 그 번호를 쓰세요.

84. 遠 : ① 園   ② 醫   ③ 永   ④ 始

85. 由 : ① 太   ② 目   ③ 油   ④ 庭

[問 86-87] 다음 뜻을 가진 단어를 쓰세요.

例   흰꽃 → [백화]

86. 학교에 나감   → [   ]

87. 서쪽에서 부는 바람 → [   ]

[問 88-90] 다음 물음에 답하세요.

88. 食ⓝ ㉠획의 쓰는 순서를 아래에서 골라 그 번호를 쓰세요.(   )

① 여섯 번째   ② 여덟 번째

③ 아홉 번째   ④ 열한 번째

89. 車ⓝ ㉠획의 쓰는 순서를 아래에서 골라 그 번호를 쓰세요.(   )

① 두 번째   ② 세 번째

③ 네 번째   ④ 다섯 번째

90. 氷ⓝ ㉠획의 쓰는 순서를 아래에서 골라 그 번호를 쓰세요.(   )

① 첫 번째   ② 두 번째

③ 세 번째   ④ 네 번째

합격점수 : 63점
제한시간 : 50분

[問 1-33] 다음 漢字語의 讀音을 쓰세요.

例 漢字 → 한자

1. 米飮 [   ]   2. 行書 [   ]

3. 特命 [   ]   4. 書畵 [   ]

5. 本來 [   ]   6. 讀者 [   ]

7. 例外 [   ]   8. 遠近 [   ]

9. 開通 [   ]   10. 高度 [   ]

11. 反省 [   ]   12. 話題 [   ]

13. 重科 [   ]   14. 今後 [   ]

15. 消火 [   ]   16. 信用 [   ]

17. 午後 [   ]   18. 電球 [   ]

19. 開京 [   ]   20. 會社 [   ]

21. 地區 [   ]   22. 開始 [   ]

23. 禮樂 [   ]   24. 反意 [   ]

25. 醫術 [   ]   26. 代數 [   ]

27. 書式 [   ]   28. 空席 [   ]

29. 植樹 [   ]   30. 風月 [   ]

31. 足球 [   ]   32. 答禮 [   ]

33. 溫度 [   ]

[問 34-55] 다음 漢字의 訓과 音을 쓰세요.

例 字 → 글자 자

34. 來 [   ]   35. 兄 [   ]

36. 意 [   ]   37. 班 [   ]

38. 物 [   ]   39. 市 [   ]

40. 反 [   ]   41. 左 [   ]

42. 和 [   ]   43. 林 [   ]

44. 正 [   ]   45. 食 [   ]

46. 童 [   ]   47. 昨 [   ]

48. 活 [   ]   49. 太 [   ]

50. 定 [   ]   51. 庭 [   ]

52. 讀 [   ]   53. 理 [   ]

54. 形 [   ]   55. 音 [   ]

[問 56-65] 다음 밑줄친 漢字語를 漢字로 쓰세요.

例 한자 → 漢字

56. 서울의 한복판에 전차가 운행되었었다.

57. 우리반 선생님은 결혼을 하지 않았다.

58. 나의 고향은 인심좋은 곳이다.

59. 공원은 주민들의 휴식처이다.

60. 우리나라의 국호는 대한 민국이다.

61. 친구가 공원에서 만나자고 전화가 왔다.

62. 죄를 짓고 숨은 사람이 마음을 뉘우치고 경찰서에 자수했다.

63. 수돗물은 깨끗하여 식수로 사용할 수 있다.

64. 금년에도 어김없이 장마는 찾아온다.

65. 자기나라의 말을 국어라고 한다.

[問 66-75] 다음 낱말을 漢字로 쓰세요.

66. 효도 효 [　　　　]

67. 대할 대 [　　　　]

68. 마을 촌 [　　　　]

69. 곧을 직 [　　　　]

70. 낯 면 [　　　　]

71. 푸를 록 [　　　　]

72. 한나라 한 [　　　　]

73. 군사 군 [　　　　]

74. 북녘 북 [　　　　]

75. 대답할 답 [　　　　]

[問 76-78] 다음 漢字의 反對字, 또는 相對字 (상대자)를 골라 그 번호를 쓰세요.

76. 老 : ① 界　② 童　③ 少　④ 父
77. 苦 : ① 高　② 勞　③ 計　④ 樂
78. 東 : ① 南　② 海　③ 洋　④ 西

[問 79-81] 다음 漢字와 뜻이 비슷한 漢字를 골라 그 번호를 쓰세요.

79. 言 : ① 訓　② 術　③ 語　④ 習
80. 海 : ① 洋　② 風　③ 溫　④ 形
81. 土 : ① 業　② 地　③ 始　④ 太

[問 82-83] 다음 (　)에 들어갈 漢字를 [例]에 서 찾아 그 번호를 쓰세요.

例　① 天　② 運
　　③ 合　④ 病

82. 生老[　]死　　83. 人命在[　]

[問 84-85] 다음에서 소리는 같으나 뜻이 다른 漢字를 골라 그 번호를 쓰세요.

84. 定 : ① 電　② 者　③ 庭　④ 足
85. 和 : ① 黃　② 向　③ 活　④ 話

[問 86-87] 다음 뜻을 가진 단어를 쓰세요.

例 위와 아래 → [상하]

86. 집안에서 하는 일 → [　　　　]
87. 왼쪽과 오른쪽 → [　　　　]

[問 88-90] 다음 물음에 답하세요.

88.  ㉠획의 쓰는 순서를 아래에서 골라 그 번호를 쓰세요.(　)

① 두 번째 　　② 세 번째
③ 여섯 번째 　④ 다섯 번째

89.  ㉠획의 쓰는 순서를 아래에서 골라 그 번호를 쓰세요.(　)

① 일곱 번째 　② 아홉 번째
③ 여덟 번째 　④ 여섯 번째

90. 道 ㉠획의 쓰는 순서를 아래에서 골라 그 번호를 쓰세요.(　)

① 첫 번째 　　② 두 번째
③ 세 번째 　　④ 다섯 번째

합격점수 : 63점
제한시간 : 50분

[問 1-33] 다음 漢字語의 讀音을 쓰세요.

例 漢字 → 한자

1. 根本 [   ]   2. 苦待 [   ]

3. 訓長 [   ]   4. 失意 [   ]

5. 向方 [   ]   6. 不平 [   ]

7. 業界 [   ]   8. 定時 [   ]

9. 入京 [   ]   10. 等式 [   ]

11. 立春 [   ]   12. 例事 [   ]

13. 綠野 [   ]   14. 注目 [   ]

15. 農活 [   ]   16. 家庭 [   ]

17. 合理 [   ]   18. 特席 [   ]

19. 別表 [   ]   20. 交戰 [   ]

21. 六月 [   ]   22. 安樂 [   ]

23. 新綠 [   ]   24. 出發 [   ]

25. 記號 [   ]   26. 勝運 [   ]

27. 死別 [   ]   28. 靑春 [   ]

29. 平和 [   ]   30. 黃金 [   ]

31. 特使 [   ]   32. 體溫 [   ]

33. 英特 [   ]

[問 34-55] 다음 漢字의 訓과 音을 쓰세요.

例 字 → 글자 자

34. 强 [   ]   35. 利 [   ]

36. 洋 [   ]   37. 休 [   ]

38. 集 [   ]   39. 發 [   ]

40. 園 [   ]   41. 樂 [   ]

42. 書 [   ]   43. 果 [   ]

44. 每 [   ]   45. 在 [   ]

46. 農 [   ]   47. 身 [   ]

48. 窓 [   ]   49. 淸 [   ]

50. 市 [   ]   51. 同 [   ]

52. 手 [   ]   53. 重 [   ]

54. 會 [   ]   55. 待 [   ]

[問 56-65] 다음 밑줄친 漢字語를 漢字로 쓰세요.

例 한자 → 漢字

56. 봄은 만물이 소생하는 계절이다.

57. 생물은 크게 동물과 식물로 나뉜다.

58. 비가 올때는 실내 경기를 한다.

59. 태풍이 지나갔지만 천만 다행으로
    피해가 적었다.

60. 새로 지은 아파트에 입주가 한창이다.

61. 무대의 막이 열리고 배우가 등장했다.

62. 누구나 인간답게 살고 싶어한다.

63. 온가족이 나누어서 가사일을 한다.

64. 전화를 많이 사용하고 편지 쓰는 일이
    줄었다.

65. 비료공장 굴뚝에서 연기가 난다.

[問 66-75] 다음 낱말을 漢字로 쓰세요.

66. 정직(마음이 바르고 곧음) [　　]

67. 왕자(임금의 아들) [　　]

68. 기사(신문·잡지 등에 실린 글) [　　]

69. 효녀(부모님을 잘 섬기는 딸) [　　]

70. 소수(적은 수, 얼마되지 않는 수) [　　]

71. 추석(우리나라 명절의 하나, 음력 8월 15일) [　　]

72. 선조(먼 대의 조상) [　　]

73. 하교(공부를 끝내고 학교에서 집으로 돌아옴) [　　]

74. 공간(비어있는 곳) [　　]

75. 내외(안과 밖) [　　]

[問 76-78] 다음 漢字의 反對字, 또는 相對字 (상대자)를 골라 그 번호를 쓰세요.

76. 多：① 少　② 夜　③ 業　④ 級
77. 山：① 野　② 電　③ 川　④ 正
78. 强：① 便　② 草　③ 農　④ 弱

[問 79-81] 다음 漢字와 뜻이 비슷한 漢字를 골라 그 번호를 쓰세요.

79. 社：① 敎　② 軍　③ 先　④ 會
80. 第：① 國　② 番　③ 利　④ 弟
81. 村：① 里　② 漢　③ 草　④ 共

[問 82-83] 다음 (　)에 들어갈 漢字를 [例]에 서 찾아 그 번호를 쓰세요.

例　① 身　② 成
　　③ 一　④ 反

82. 自手[　]家　　83. [　]石二鳥

[問 84-85] 다음에서 소리는 같으나 뜻이 다른 漢字를 골라 그 번호를 쓰세요.

84. 植：① 根　② 式　③ 場　④ 神
85. 永：① 英　② 夫　③ 秋　④ 手

[問 86-87] 다음 뜻을 가진 단어를 쓰세요.

例　흰꽃 → [백화]

86. 먹는 물　　→ [　　　]
87. 우리나라 말 → [　　　]

[問 88-90] 다음 물음에 답하세요.

88. 樂 ㉠획의 쓰는 순서를 아래에서 골라 그 번호를 쓰세요.(　)

① 첫 번째　　② 두 번째
③ 세 번째　　④ 네 번째

89. 級 ㉠획의 쓰는 순서를 아래에서 골라 그 번호를 쓰세요.(　)

① 여덟 번째　　② 일곱 번째
③ 열 번째　　④ 열한 번째

90. 光 ㉠획의 쓰는 순서를 아래에서 골라 그 번호를 쓰세요.(　)

① 첫 번째　　② 두 번째
③ 세 번째　　④ 네 번째

[問 1-33] 다음 漢字語의 讀音을 쓰세요.

例 漢字 → 한자

1. 不便 [   ]   2. 太半 [   ]

3. 洋銀 [   ]   4. 習作 [   ]

5. 班長 [   ]   6. 地圖 [   ]

7. 代身 [   ]   8. 例題 [   ]

9. 表意 [   ]   10. 先後 [   ]

11. 近親 [   ]   12. 飮食 [   ]

13. 育英 [   ]   14. 銀行 [   ]

15. 歌手 [   ]   16. 後聞 [   ]

17. 來韓 [   ]   18. 通信 [   ]

19. 現金 [   ]   20. 淸算 [   ]

21. 海風 [   ]   22. 不利 [   ]

23. 愛族 [   ]   24. 昨今 [   ]

25. 明度 [   ]   26. 感氣 [   ]

27. 特級 [   ]   28. 平等 [   ]

29. 勝算 [   ]   30. 術數 [   ]

31. 草根 [   ]   32. 始祖 [   ]

33. 集合 [   ]

[問 34-55] 다음 漢字의 訓과 音을 쓰세요.

例 字 → 글자 자

34. 苦 [   ]   35. 訓 [   ]

36. 風 [   ]   37. 目 [   ]

38. 父 [   ]   39. 紙 [   ]

40. 速 [   ]   41. 平 [   ]

42. 朴 [   ]   43. 北 [   ]

44. 光 [   ]   45. 愛 [   ]

46. 戰 [   ]   47. 海 [   ]

48. 朝 [   ]   49. 行 [   ]

50. 夫 [   ]   51. 號 [   ]

52. 番 [   ]   53. 話 [   ]

54. 弱 [   ]   55. 神 [   ]

[問 56-65] 다음 밑줄친 漢字語를 漢字로 쓰세요.

例 한자 → 漢字

56. 장마가 제주지방에서 시작되었다.

57. 축구경기는 전후반 90분동안 한다.

58. 공기와 햇빛은 소유자가 없다.

59. 가르치고 배우는 모든것이 학문이다.

60. 아침식전에 가벼운 운동을 한다.

61. 현대 전쟁은 공군의 역할이 크다.

62. 가족은 언제나 건강해야 즐겁다.

63. 24절기중의 첫째 절기가 입춘이다.

64. 해녀가 바닷속에서 전복을 딴다.

65. 동사무소의 총책임자가 동장이다.

[問 66-76] 다음 낱말을 漢字로 쓰세요.

66. 심을 식　　[　　　]

67. 오른 우　　[　　　]

68. 기 기　　　[　　　]

69. 집 실　　　[　　　]

70. 오를 등　　[　　　]

71. 쉴 휴　　　[　　　]

72. 물건 물　　[　　　]

73. 온전할 전　[　　　]

74. 기를 육　　[　　　]

75. 사이 간　　[　　　]

76. 마을 촌　　[　　　]

[問 77-79] 다음 漢字의 反對字, 또는 相對字 (상대자)를 골라 그 번호를 쓰세요.

77. 身 : ① 子　② 心　③ 交　④ 愛

78. 勞 : ① 使　② 號　③ 幸　④ 淸

79. 有 : ① 無　② 姓　③ 方　④ 在

[問 80-81] 다음 漢字와 뜻이 비슷한 漢字를 골라 그 번호를 쓰세요.

80. 主 : ① 注　② 民　③ 郡　④ 王

81. 先 : ① 上　② 全　③ 前　④ 遠

[問 82-83] 다음 (　)에 들어갈 漢字를 [例]에서 찾아 그 번호를 쓰세요.

例　① 草　　② 靑
　　③ 答　　④ 意

82. [　　]綠同色　　83. 自問自[　　]

[問 84-85] 다음에서 소리는 같으나 뜻이 다른 漢字를 골라 그 번호를 쓰세요.

84. 弟 : ① 子　② 第　③ 重　④ 正

85. 空 : ① 祖　② 色　③ 共　④ 老

[問 86-87] 다음 뜻을 가진 단어를 쓰세요.

例　위와 아래 → [상하]

86. 괴로움과 즐거움 → [　　　]

87. 차의 창문　　　→ [　　　]

[問 88-90] 다음 물음에 답하세요.

88. 夜ⓖ　ⓖ획의 쓰는 순서를 아래에서 골라 그 번호를 쓰세요.(　　)

① 일곱 번째　　② 여덟 번째
③ 아홉 번째　　④ 열 번째

89. 衣ⓖ　ⓖ획의 쓰는 순서를 아래에서 골라 그 번호를 쓰세요.(　　)

① 다섯 번째　　② 여섯 번째
③ 일곱 번째　　④ 여덟 번째

90. 美ⓖ　ⓖ획의 쓰는 순서를 아래에서 골라 그 번호를 쓰세요.(　　)

① 다섯 번째　　② 일곱 번째
③ 여덟 번째　　④ 아홉 번째

■ 사단법인 한국어문회·한국한자능력검정회

수 험 번 호 □□□ - □□ - □□□□　　　성 명 □□□□

주민등록번호 □□□□□□ - □□□□□□□

※ 유성 사인펜, 붉은색 필기구 사용 불가.

● 답안지는 컴퓨터로 처리되므로 구기거나 더럽히지 마시고, 정답 칸 안에만 쓰십시오. 글씨가 채점란으로 들어오면 오답처리가 됩니다.

전국한자능력검정시험 6급 모의고사 답안지 (1)

번호	답안란 정답	채점란 1검	2검	번호	답안란 정답	채점란 1검	2검	번호	답안란 정답	채점란 1검	2검
1				15				29			
2				16				30			
3				17				31			
4				18				32			
5				19				33			
6				20				34			
7				21				35			
8				22				36			
9				23				37			
10				24				38			
11				25				39			
12				26				40			
13				27				41			
14				28				42			

감 독 위 원	채 점 위 원 (1)		채 점 위 원 (2)		채 점 위 원 (3)	
(서명)	(득점)	(서명)	(득점)	(서명)	(득점)	(서명)

※ 뒷면으로 이어짐 ↓

● 본 답안지는 컴퓨터로 처리되므로 구겨지거나 더럽혀지지 않도록 조심하시고 글씨를 칸 안에 또박또박 쓰십시오.

전국한자능력검정시험 6급 모의고사 답안지 (2)

번호	정답	1검	2검	번호	정답	1검	2검	번호	정답	1검	2검
	답 안 란	채점란			답 안 란	채점란			답 안 란	채점란	
43				59				75			
44				60				76			
45				61				77			
46				62				78			
47				63				79			
48				64				80			
49				65				81			
50				66				82			
51				67				83			
52				68				84			
53				69				85			
54				70				86			
55				71				87			
56				72				88			
57				73				89			
58				74				90			

사단법인 한국어문회·한국한자능력검정회

수 험 번 호	☐☐☐ - ☐☐ - ☐☐☐	성 명	☐☐☐☐☐
주민등록번호	☐☐☐☐☐☐ - ☐☐☐☐☐☐☐		

※ 유성 사인펜, 붉은색 필기구 사용 불가.

● 답안지는 컴퓨터로 처리되므로 구기거나 더럽히지 마시고, 정답 칸 안에만 쓰십시오. 글씨가 채점란으로 들어오면 오답처리가 됩니다.

전국한자능력검정시험 6급 모의고사 답안지 (1)

답 안 란		채점란		답 안 란		채점란		답 안 란		채점란	
번호	정 답	1검	2검	번호	정 답	1검	2검	번호	정 답	1검	2검
1				15				29			
2				16				30			
3				17				31			
4				18				32			
5				19				33			
6				20				34			
7				21				35			
8				22				36			
9				23				37			
10				24				38			
11				25				39			
12				26				40			
13				27				41			
14				28				42			

감 독 위 원	채 점 위 원 (1)		채 점 위 원 (2)		채 점 위 원 (3)	
(서명)	(득점)	(서명)	(득점)	(서명)	(득점)	(서명)

※ 뒷면으로 이어짐 ↓

● 본 답안지는 컴퓨터로 처리되므로 구겨지거나 더럽혀지지 않도록 조심하시고 글씨를 칸 안에 또박또박 쓰십시오.

전국한자능력검정시험 6급 모의고사 답안지 (2)

번호	정답	1검	2검	번호	정답	1검	2검	번호	정답	1검	2검
43				59				75			
44				60				76			
45				61				77			
46				62				78			
47				63				79			
48				64				80			
49				65				81			
50				66				82			
51				67				83			
52				68				84			
53				69				85			
54				70				86			
55				71				87			
56				72				88			
57				73				89			
58				74				90			

사단법인 한국어문회·한국한자능력검정회

수 험 번 호 ☐☐☐ - ☐☐ - ☐☐☐☐　　　성 명 ☐☐☐☐☐

주민등록번호 ☐☐☐☐☐☐ - ☐☐☐☐☐☐☐

※ 유성 사인펜, 붉은색 필기구 사용 불가.

● 답안지는 컴퓨터로 처리되므로 구기거나 더럽히지 마시고, 정답 칸 안에만 쓰십시오. 글씨가 채점란으로 들어오면 오답처리가 됩니다.

전국한자능력검정시험 6급 모의고사 답안지 (1)

번호	답 안 란 정 답	채점란 1검	2검	번호	답 안 란 정 답	채점란 1검	2검	번호	답 안 란 정 답	채점란 1검	2검
1				15				29			
2				16				30			
3				17				31			
4				18				32			
5				19				33			
6				20				34			
7				21				35			
8				22				36			
9				23				37			
10				24				38			
11				25				39			
12				26				40			
13				27				41			
14				28				42			

감 독 위 원	채 점 위 원 (1)		채 점 위 원 (2)		채 점 위 원 (3)	
(서명)	(득점)	(서명)	(득점)	(서명)	(득점)	(서명)

※ 뒷면으로 이어짐 ↓

● 본 답안지는 컴퓨터로 처리되므로 구겨지거나 더럽혀지지 않도록 조심하시고 글씨를 칸 안에 또박또박 쓰십시오.

전국한자능력검정시험 6급 모의고사 답안지 (2)

답 안 란		채점란		답 안 란		채점란		답 안 란		채점란	
번호	정 답	1검	2검	번호	정 답	1검	2검	번호	정 답	1검	2검
43				59				75			
44				60				76			
45				61				77			
46				62				78			
47				63				79			
48				64				80			
49				65				81			
50				66				82			
51				67				83			
52				68				84			
53				69				85			
54				70				86			
55				71				87			
56				72				88			
57				73				89			
58				74				90			

사단법인 한국어문회·한국한자능력검정회

| 수 험 번 호 | □□□ - □□ - □□□ | | 성 명 | □□□□□ |

주민등록번호 □□□□□□ - □□□□□□□

※ 유성 사인펜, 붉은색 필기구 사용 불가.

● 답안지는 컴퓨터로 처리되므로 구기거나 더럽히지 마시고, 정답 칸 안에만 쓰십시오. 글씨가 채점란으로 들어오면 오답처리가 됩니다.

전국한자능력검정시험 6급 모의고사 답안지 (1)

번호	정 답	1검	2검	번호	정 답	1검	2검	번호	정 답	1검	2검
1				15				29			
2				16				30			
3				17				31			
4				18				32			
5				19				33			
6				20				34			
7				21				35			
8				22				36			
9				23				37			
10				24				38			
11				25				39			
12				26				40			
13				27				41			
14				28				42			

감 독 위 원	채 점 위 원 (1)		채 점 위 원 (2)		채 점 위 원 (3)	
(서명)	(득점)	(서명)	(득점)	(서명)	(득점)	(서명)

※ 뒷면으로 이어짐 ↓

● 본 답안지는 컴퓨터로 처리되므로 구겨지거나 더럽혀지지 않도록 조심하시고 글씨를 칸 안에 또박또박 쓰십시오.

전국한자능력검정시험 6급 모의고사 답안지 (2)

번호	답안란 정답	채점란 1검	2검	번호	답안란 정답	채점란 1검	2검	번호	답안란 정답	채점란 1검	2검
43				59				75			
44				60				76			
45				61				77			
46				62				78			
47				63				79			
48				64				80			
49				65				81			
50				66				82			
51				67				83			
52				68				84			
53				69				85			
54				70				86			
55				71				87			
56				72				88			
57				73				89			
58				74				90			

사단법인 한국어문회·한국한자능력검정회

수 험 번 호 ☐☐☐ - ☐☐ - ☐☐☐☐　　　성 명 ☐☐☐☐

주민등록번호 ☐☐☐☐☐☐ - ☐☐☐☐☐☐☐

※ 유성 사인펜, 붉은색 필기구 사용 불가.

● 답안지는 컴퓨터로 처리되므로 구기거나 더럽히지 마시고, 정답 칸 안에만 쓰십시오. 글씨가 채점란으로 들어오면 오답처리가 됩니다.

전국한자능력검정시험 6급 모의고사 답안지 (1)

번호	정답	1검	2검	번호	정답	1검	2검	번호	정답	1검	2검
답안란		채점란		답안란		채점란		답안란		채점란	
1				15				29			
2				16				30			
3				17				31			
4				18				32			
5				19				33			
6				20				34			
7				21				35			
8				22				36			
9				23				37			
10				24				38			
11				25				39			
12				26				40			
13				27				41			
14				28				42			

감 독 위 원	채 점 위 원 (1)		채 점 위 원 (2)		채 점 위 원 (3)	
(서명)	(득점)	(서명)	(득점)	(서명)	(득점)	(서명)

※ 뒷면으로 이어짐 ↓

● 본 답안지는 컴퓨터로 처리되므로 구겨지거나 더럽혀지지 않도록 조심하시고 글씨를 칸 안에 또박또박 쓰십시오.

전국한자능력검정시험 6급 모의고사 답안지 (2)

번호	정답	1검	2검	번호	정답	1검	2검	번호	정답	1검	2검
43				59				75			
44				60				76			
45				61				77			
46				62				78			
47				63				79			
48				64				80			
49				65				81			
50				66				82			
51				67				83			
52				68				84			
53				69				85			
54				70				86			
55				71				87			
56				72				88			
57				73				89			
58				74				90			

사단법인 한국어문회·한국한자능력검정회

수 험 번 호 ☐☐☐ - ☐☐ - ☐☐☐☐　　　성 명 ☐☐☐☐

주민등록번호 ☐☐☐☐☐☐ - ☐☐☐☐☐☐☐

※ 유성 사인펜, 붉은색 필기구 사용 불가.

● 답안지는 컴퓨터로 처리되므로 구기거나 더럽히지 마시고, 정답 칸 안에만 쓰십시오. 글씨가 채점란으로 들어오면 오답처리가 됩니다.

전국한자능력검정시험 6급 모의고사 답안지 (1)

번호	답안란 정답	채점란 1검	2검	번호	답안란 정답	채점란 1검	2검	번호	답안란 정답	채점란 1검	2검
1				15				29			
2				16				30			
3				17				31			
4				18				32			
5				19				33			
6				20				34			
7				21				35			
8				22				36			
9				23				37			
10				24				38			
11				25				39			
12				26				40			
13				27				41			
14				28				42			

감 독 위 원	채 점 위 원 (1)		채 점 위 원 (2)		채 점 위 원 (3)	
(서명)	(득점)	(서명)	(득점)	(서명)	(득점)	(서명)

※ 뒷면으로 이어짐 ↓

● 본 답안지는 컴퓨터로 처리되므로 구겨지거나 더럽혀지지 않도록 조심하시고 글씨를 칸 안에 또박또박 쓰십시오.

전국한자능력검정시험 6급 모의고사 답안지 (2)

번호	정답	1검	2검	번호	정답	1검	2검	번호	정답	1검	2검
43				59				75			
44				60				76			
45				61				77			
46				62				78			
47				63				79			
48				64				80			
49				65				81			
50				66				82			
51				67				83			
52				68				84			
53				69				85			
54				70				86			
55				71				87			
56				72				88			
57				73				89			
58				74				90			

답안란 / 채점란

한자능력 검정시험 6급
기출·예상문제(1~12회)

본 기출 · 예상문제는
한자능력검정시험에 출제되었던 문제를
수험생들에 의해 모아 만든 것입니다.
때문에 실제문제의 내용과 번호가
다소 다를 수 있습니다만
자신의 실제 합격점수대를
예측하는데 큰 도움이 될것입니다.
해답은 124쪽에 있습니다.

(社)한국어문회시행　　　　　　　　　　　　　● 수험생들에 의해 재생되었습니다.

[問 1–33] 다음 漢字語의 讀音을 쓰세요.

例　漢字 → [한자]

1. 石油 [　　　]　　　2. 野球 [　　　]

3. 溫和 [　　　]　　　4. 民族 [　　　]

5. 安住 [　　　]　　　6. 先頭 [　　　]

7. 速度 [　　　]　　　8. 算數 [　　　]

9. 電工 [　　　]　　　10. 服用 [　　　]

11. 料理 [　　　]　　　12. 始祖 [　　　]

13. 多勝 [　　　]　　　14. 動作 [　　　]

15. 溫水 [　　　]　　　16. 苦生 [　　　]

17. 綠色 [　　　]　　　18. 氣運 [　　　]

19. 身體 [　　　]　　　20. 窓門 [　　　]

21. 開花 [　　　]　　　22. 食事 [　　　]

23. 英才 [　　　]　　　24. 急行 [　　　]

25. 發明 [　　　]　　　26. 農樂 [　　　]

27. 路線 [　　　]　　　28. 病弱 [　　　]

29. 永遠 [　　　]　　　30. 不幸 [　　　]

31. 分班 [　　　]　　　32. 美術 [　　　]

33. 全部 [　　　]

[問 34–56] 다음 漢字의 訓과 音을 쓰세요.

例　字 → [글자 자]

34. 根 [　　　]　　　35. 信 [　　　]

36. 成 [　　　]　　　37. 死 [　　　]

38. 醫 [　　　]　　　39. 時 [　　　]

40. 待 [　　　]　　　41. 業 [　　　]

42. 習 [　　　]　　　43. 陽 [　　　]

44. 集 [　　　]　　　45. 代 [　　　]

46. 旗 [　　　]　　　47. 間 [　　　]

48. 林 [　　　]　　　49. 命 [　　　]

50. 計 [　　　]　　　51. 飮 [　　　]

52. 强 [　　　]　　　53. 記 [　　　]

54. 由 [　　　]　　　55. 意 [　　　]

56. 京 [　　　]

[問 57–76] 다음 밑줄친 漢字語를 漢字로 쓰세요.

例　한자 → [漢字]

57. 내세에는 북극곰으로 태어나고 싶다.

58. 나의 삼촌이 장군이시다.

59. 노인들은 공경 받아야 한다.

60. 그는 해군에 입대하였다.

61. 국경일에는 등교하지 않는다.

62. 이란, 이라크 등은 중동 지역의 나라다.

63. 추석 전후에는 기차표 사기가 힘들다.

64. 강가의 수초들이 많이 자랐다.

65. 청년들이 많이 모여들었다.

66. 읍내에 큰 병원이 들어섰다.

67. 거의 매일 비가 내리고 있다.

68. 상공에는 뭉게구름이 떠 있었다.

69. 시외를 다니는 버스는 손님이 적다.

70. 자연의 소중함을 알아야 한다.

71. 모자 사이에 떨어져 살았다.

72. 시골에 사는 남자를 촌부라고 한다.

73. 똑바로 선 것을 직립이라고 한다.

74. 많은 백성들의 존경을 받았다.

75. 그는 많은 토지를 소유하고 있다.

76. 좌우로 큰 나무들이 숲을 이루었다.

[問 77-78] 다음 漢字語의 反對字 또는 相對字 (상대자)를 골라 번호를 쓰세요.

77. 夏 : ① 洞 ② 夕 ③ 冬 ④ 同
78. 北 : ① 九 ② 大 ③ 口 ④ 南

[問 79-80] 다음 ( )에 들어갈 漢字를 〈例〉에서 찾아 그 번호를 쓰세요.

例	① 育	② 便
	③ 活	④ 話

79. 千一夜[   ]　　80. 注入教[   ]

[問 81-82] 다음 漢字와 뜻이 비슷한 漢字를 골라 그 번호를 쓰세요.

81. 畵 : ① 圖 ② 體 ③ 共 ④ 章
82. 堂 : ① 王 ② 道 ③ 家 ④ 里

[問 83-85] 다음에서 소리는 같으나 뜻이 다른 漢字를 골라 그 번호를 쓰세요.

83. 金 : ① 本 ② 江 ③ 今 ④ 童
84. 各 : ① 功 ② 界 ③ 感 ④ 角
85. 主 : ① 目 ② 晝 ③ 重 ④ 休

[問 86-87] 다음 뜻을 가진 단어를 쓰세요.

例	맏딸 → [장녀]

86. 나무를 심음 → [   ]
87. 봄과 가을 → [   ]

[問 88-90] 다음 물음에 답하세요.

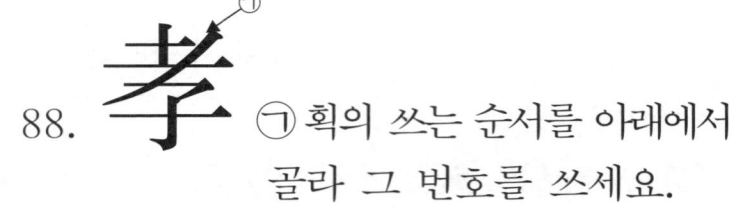

88. 孝　㉠획의 쓰는 순서를 아래에서 골라 그 번호를 쓰세요.

① 여섯 번째　　② 다섯 번째
③ 네 번째　　　④ 세 번째

89. 車　㉠획의 쓰는 순서를 아래에서 골라 그 번호를 쓰세요.

① 네 번째　　　② 다섯 번째
③ 여섯 번째　　④ 일곱 번째

90. 京　㉠획의 쓰는 순서를 아래에서 골라 그 번호를 쓰세요.

① 여덟 번째　　② 여섯 번째
③ 일곱 번째　　④ 다섯 번째

(社)한국어문회시행 ● 수험생들에 의해 재생되었습니다.

[問 1-33] 다음 漢字語의 讀音을 쓰세요.

例 漢字 → [한자]

1. 幸運 [   ]   2. 集計 [   ]

3. 晝間 [   ]   4. 書記 [   ]

5. 在野 [   ]   6. 業體 [   ]

7. 成果 [   ]   8. 通路 [   ]

9. 題號 [   ]   10. 陽氣 [   ]

11. 童畵 [   ]   12. 李朝 [   ]

13. 新綠 [   ]   14. 本然 [   ]

15. 黃海 [   ]   16. 社會 [   ]

17. 注油 [   ]   18. 戰線 [   ]

19. 庭園 [   ]   20. 禮服 [   ]

21. 旗章 [   ]   22. 區別 [   ]

23. 死藥 [   ]   24. 病席 [   ]

25. 合意 [   ]   26. 後孫 [   ]

27. 洋銀 [   ]   28. 樹林 [   ]

29. 感電 [   ]   30. 便利 [   ]

31. 頭角 [   ]   32. 多讀 [   ]

33. 和親 [   ]

[問 34-56] 다음 漢字의 訓과 音을 쓰세요.

例 字 → [글자 자]

34. 飮 [   ]   35. 花 [   ]

36. 第 [   ]   37. 班 [   ]

38. 身 [   ]   39. 圖 [   ]

40. 勝 [   ]   41. 用 [   ]

42. 明 [   ]   43. 雪 [   ]

44. 向 [   ]   45. 聞 [   ]

46. 昨 [   ]   47. 習 [   ]

48. 待 [   ]   49. 使 [   ]

50. 苦 [   ]   51. 愛 [   ]

52. 放 [   ]   53. 各 [   ]

54. 始 [   ]   55. 堂 [   ]

56. 理 [   ]

[問 57-76] 다음 밑줄친 漢字語를 漢字로 쓰세요.

例 한자 → [漢字]

57. 아름다운 강촌에서 살고 싶어라.

58. 군가를 소리 높여 부르며 행진했다.

59. 민심이 곧 천심이다.

60. 이 마을에서 걸출한 인물이 태어났다.

61. 자기의 물건을 소중히 다루어야 한다.

62. 오늘은 선거일이라 휴일이다.

63. 목적지에 안전하게 도착했다.

64. 눈이 온 천지를 뒤덮었다.

65. 초식 동물은 풀을 먹고사는 동물이다.

66. 새는 좌우 날개로 날아간다.

67. <u>공중</u>에는 제비가 날고 있었다.

68. 영수는 <u>산수</u> 공부를 열심히 했다.

69. 이번 <u>출구</u> 조사의 예측이 또 틀렸다.

70. 대한민국은 <u>자주</u> 독립 국가이다.

71. <u>남녀</u>노소를 불문하고 춤을 추고 있다.

72. <u>백방</u>으로 알아봤으나 소용이 없었다.

73. <u>입동</u>이 지나자 갑자기 추워졌다.

74. 물건을 사기 위해 <u>선금</u>을 지불했다.

75. 이 도로는 <u>차도</u>만 있고 인도는 없다.

76. 그는 훌륭한 <u>가문</u>의 자손이다.

[問 77-78] 다음 漢字語의 反對字 또는 相對字 (상대자)를 골라 번호를 쓰세요.

77. 古 : ① 今 ② 高 ③ 公 ④ 共
78. 遠 : ① 勇 ② 近 ③ 英 ④ 樂

[問 79-80] 다음 ( )에 들어갈 漢字를 《例》에서 찾아 그 번호를 쓰세요.

例 ① 活 ② 足 ③ 事
    ④ 淸 ⑤ 表 ⑥ 溫

79. 室內[　]度　　80. 世上萬[　]

[問 81-82] 다음 漢字와 뜻이 비슷한 漢字를 골라 그 번호를 쓰세요.

81. 郡 : ① 邑 ② 科 ③ 界 ④ 救
82. 術 : ① 根 ② 信 ③ 速 ④ 才

[問 83-85] 다음에서 소리는 같으나 뜻이 다른 漢字를 골라 그 번호를 쓰세요.

83. 半 : ① 族 ② 反 ③ 朝 ④ 特
84. 級 : ① 由 ② 弱 ③ 急 ④ 者
85. 衣 : ① 音 ② 外 ③ 永 ④ 醫

[問 86-87] 다음 뜻을 가진 단어를 쓰세요.

例 맏딸 → [장녀]

86. 눈짓으로 가볍게 하는 인사 → [　　　]
87. 글을 짓는 것　→　[　　　]

[問 88-90] 다음 물음에 답하세요.

88. 重 ㉠획의 쓰는 순서를 아래에서 골라 그 번호를 쓰세요.

① 두 번째　　　② 일곱 번째
③ 세 번째　　　④ 여덟 번째

89. 來 ㉠획의 쓰는 순서를 아래에서 골라 그 번호를 쓰세요.

① 첫 번째　　　② 두 번째
③ 네 번째　　　④ 여섯 번째

90. 色 ㉠획의 쓰는 순서를 아래에서 골라 그 번호를 쓰세요.

① 세 번째　　　② 네 번째
③ 다섯 번째　　　④ 여섯 번째

㈜한국어문회시행 ● 수험생들에 의해 재생되었습니다.

[問 1-33] 다음 漢字語의 讀音을 쓰세요.

例 漢字 → [한자]

1. 體重 [   ]   2. 植樹 [   ]

3. 病弱 [   ]   4. 農村 [   ]

5. 太陽 [   ]   6. 運命 [   ]

7. 工場 [   ]   8. 美術 [   ]

9. 千萬 [   ]   10. 姓名 [   ]

11. 敎室 [   ]   12. 海軍 [   ]

13. 各者 [   ]   14. 現在 [   ]

15. 醫科 [   ]   16. 王孫 [   ]

17. 短身 [   ]   18. 感動 [   ]

19. 同窓 [   ]   20. 育成 [   ]

21. 高等 [   ]   22. 親族 [   ]

23. 自然 [   ]   24. 理由 [   ]

25. 洋服 [   ]   26. 始作 [   ]

27. 根本 [   ]   28. 地球 [   ]

29. 溫度 [   ]   30. 郡民 [   ]

31. 部分 [   ]   32. 出發 [   ]

33. 頭目 [   ]

[問 34-56] 다음 漢字의 訓과 音을 쓰세요.

例 字 → [글자 자]

34. 綠 [   ]   35. 市 [   ]

36. 登 [   ]   37. 番 [   ]

38. 急 [   ]   39. 待 [   ]

40. 野 [   ]   41. 開 [   ]

42. 業 [   ]   43. 表 [   ]

44. 童 [   ]   45. 禮 [   ]

46. 速 [   ]   47. 堂 [   ]

48. 勝 [   ]   49. 聞 [   ]

50. 永 [   ]   51. 英 [   ]

52. 庭 [   ]   53. 特 [   ]

54. 算 [   ]   55. 交 [   ]

56. 米 [   ]

[問 57-76] 다음 밑줄친 漢字語를 漢字로 쓰세요.

例 한자 → [漢字]

57. 읍내에 나가야 큰 병원이 있다.

58. 사방에서 적들이 몰려왔다.

59. 사전에 정보를 입수하기가 어렵다.

60. 매일 운동하러 체육관에 간다.

61. 주소를 먼저 알고 집을 찾아갔다.

62. 바둑에서 그는 장족의 발전을 하였다.

63. 운동장 상공으로 풍선들이 날아간다.

64. 지진이 나서 금요일에는 휴교하였다.

65. 점심을 중식이라고도 한다.

66. 그의 조부는 백만장자였다.

67. <u>청춘</u>은 아름답다.

68. 할인점에서 <u>가전</u> 제품을 싸게 샀다.

69. 그는 유명한 테너 <u>가수</u>가 되었다.

70. 온갖 <u>화초</u>가 만발하였다.

71. 큰 비가 그쳤다니 <u>안심</u>이 된다.

72. 그 문제의 <u>정답</u>을 풀기란 쉽지 않다.

73. <u>동구</u> 밖으로 큰 길이 났다.

74. 그날 <u>오후</u>에는 눈보라가 쳤다.

75. 자녀가 모두 부모에게 <u>효도</u>하였다.

76. 공사장에서 <u>인부</u> 구하기가 쉽지 않다.

[問 77-78] 다음 漢字語의 反對字 또는 相對字 (상대자)를 골라 번호를 쓰세요.

77. 古 : ① 公　② 今　③ 李　④ 式

78. 晝 : ① 章　② 集　③ 夜　④ 向

[問 79-80] 다음 ( )에 들어갈 漢字를 〈例〉에서 찾아 그 번호를 쓰세요.

例 ① 七　② 面
　 ③ 門　④ 老

79. 白[　]書生　　80. 男女[　]少

[問 81-82] 다음 漢字와 뜻이 비슷한 漢字를 골라 그 번호를 쓰세요.

81. 言 : ① 號　② 淸　③ 話　④ 省

82. 圖 : ① 畫　② 月　③ 立　④ 全

[問 83-85] 다음에서 소리는 같으나 뜻이 다른 漢字를 골라 그 번호를 쓰세요.

83. 形 : ① 黃　② 主　③ 火　④ 兄

84. 死 : ① 使　② 和　③ 朴　④ 信

85. 先 : ① 失　② 世　③ 線　④ 才

[問 86-87] 다음 뜻을 가진 단어를 쓰세요.

例　쉬는 날 → [휴일]

86. 안과 밖 → [　　　　]

87. 학교에 들어감 → [　　　　]

[問 88-90] 다음 물음에 답하세요.

88. 果  ㉠획의 쓰는 순서를 아래에서 골라 그 번호를 쓰세요.

① 네 번째　　　② 일곱 번째

③ 다섯 번째　　④ 여섯 번째

89. 老 ㉠획의 쓰는 순서를 아래에서 골라 그 번호를 쓰세요.

① 세 번째　　　② 네 번째

③ 다섯 번째　　④ 여섯 번째

90. ㉠年 ㉠획의 쓰는 순서를 아래에서 골라 그 번호를 쓰세요.

① 세 번째　　　② 네 번째

③ 다섯 번째　　④ 여섯 번째

합격점수 : 63점
제한시간 : 50분

(社)한국어문회시행

● 수험생들에 의해 재생되었습니다.

[問 1-33] 다음 漢字語의 讀音을 쓰세요.

〈예〉
漢字 → 한자

(1) 頭覺　(2) 計算　(3) 番號　(4) 禮式

(5) 登場　(6) 球根　(7) 郡民　(8) 百合

(9) 交通　(10) 世間　(11) 發育　(12) 太陽

(13) 時空　(14) 果樹　(15) 運命　(16) 童心

(17) 靑軍　(18) 强風　(19) 注意　(20) 美色

(21) 白旗　(22) 病苦　(23) 林業　(24) 電話

(25) 本部　(26) 地圖　(27) 物理　(28) 面目

(29) 海洋　(30) 溫室　(31) 書記　(32) 區別

(33) 使用

[問 34-56] 다음 漢字의 訓과 音을 쓰세요.

〈예〉
字 → 글자 자

(34) 待　(35) 然　(36) 集　(37) 同

(38) 勇　(39) 油　(40) 飮　(41) 黃

(42) 各　(43) 米　(44) 術　(45) 聞

(46) 雪　(47) 淸　(48) 安　(49) 席

(50) 消　(51) 重　(52) 習　(53) 公

(54) 親　(55) 始　(56) 孝

[問 57-76] 다음 밑줄친 漢字語를 漢字로 쓰세요.

〈예〉
한국 → 韓國

(57) 사방으로 큰 길이 났다.

(58) 모녀 모두가 미인이었다.

(59) 시외로 나가니 공기가 좋다.

(60) 그는 열심히 봉사 활동을 한다.

(61) 나와 그는 같은 동리에 산다.

(62) 식구가 많은데도 화목하게 산다.

(63) 이번 달에는 휴일이 많다.

(64) 교회 장로로서 많은 일을 하고 있다.

(65) 오늘은 읍내에 장이 서는 날이다.

(66) 많은 인부들이 땀 흘리며 일하고 있다.

(67) 인간은 직립으로 걷는다.

(68) 소수의 의견도 존중되어야 한다.

(69) 주교님으로부터 좋은 강론을 들었다.

(70) 조상으로부터 물려받은 재산이 많다.

(71) 주소만 알고 집을 찾기가 어렵다.

(72) 자신의 성명을 한자로 쓴다.

(73) 정도를 걷는 사람이 성공한다.

(74) 농사를 짓는 일이 힘들다.

(75) 그럴 줄 알고 선수를 쳤다.

(76) 그는 8시에 학교에 간다.

[問 77-78] 다음 漢字語의 反對字 또는 相對字 (상대자)를 골라 번호를 쓰세요.

(77) 出 : ① 不 ② 入 ③ 金 ④ 車

(78) 前 : ① 班 ② 後 ③ 信 ④ 弟

[問 79-80] 다음 ( )에 들어갈 漢字를 〈예〉에서 찾아 그 번호를 쓰세요.

〈예〉
① 月 ② 言 ③ 朝 ④ 今

(79) 東西古(   )

(80) 一(   )一夕

[問 81-82] 다음 漢字와 뜻이 비슷한 漢字를 골라 그 번호를 쓰세요.

(81) 家 : ① 堂 ② 成 ③ 李 ④ 代

(82) 晝 : ① 足 ② 午 ③ 石 ④ 失

[問 83-85] 다음에서 소리는 같으나 뜻이 다른 漢字를 골라 그 번호를 쓰세요.

(83) 神 : ① 千 ② 北 ③ 省 ④ 新

(84) 幸 : ① 火 ② 行 ③ 天 ④ 光

(85) 和 : ① 來 ② 王 ③ 畫 ④ 五

[問 86-87] 다음 뜻을 가진 단어를 쓰세요.

〈예〉
쉬는 날 → 휴일

(86) 강가의 마을 - (   )

(87) 멀고 가까움 - (   )

[問 88-90] 다음 漢字의 ㉠ 획은 몇 번째 쓰는지 〈예〉에서 찾아 그 번호를 쓰세요. (화살표는 ㉠획의 위치에서 더불어 획을 쓰는 방향을 나타냅니다.)

〈예〉
① 첫 번째   ② 두 번째   ③ 세 번째
④ 네 번째   ⑤ 다섯 번째   ⑥ 여섯 번째
⑦ 일곱 번째   ⑧ 여덟 번째   ⑨ 아홉 번째
⑩ 열 번째   ⑪ 열한 번째

(88) 夜

(89) 等

(90) 夏

㈜한국어문회시행
● 수험생들에 의해 재생되었습니다.

[問 1-33] 다음 漢字語의 讀音을 쓰세요.

〈예〉
漢字 → 한자

(1) 育成　　(2) 通話　　(3) 洋服　　(4) 感度

(5) 言行　　(6) 兄弟　　(7) 愛用　　(8) 始作

(9) 開學　　(10) 植物　　(11) 便利　　(12) 太陽

(13) 名醫　　(14) 出金　　(15) 科目　　(16) 幸運

(17) 失神　　(18) 發病　　(19) 代表　　(20) 分班

(21) 現在　　(22) 形體　　(23) 算術　　(24) 生色

(25) 空軍　　(26) 集合　　(27) 草木　　(28) 直角

(29) 登校　　(30) 答信　　(31) 勇氣　　(32) 手足

(33) 天下

[問 34-55] 다음 漢字의 訓과 音을 쓰세요.

〈예〉
字 → 글자 자

(34) 多　　(35) 意　　(36) 頭　　(37) 昨

(38) 交　　(39) 圖　　(40) 林　　(41) 號

(42) 寸　　(43) 聞　　(44) 章　　(45) 明

(46) 共　　(47) 綠　　(48) 外　　(49) 午

(50) 雪　　(51) 死　　(52) 歌　　(53) 族

(54) 英　　(55) 京

[問 56-75] 다음 밑줄친 漢字語를 漢字로 쓰세요.

〈예〉
한국 → 韓國

(56) 주민의 반대로 공사가 중단되었다.
(57) 그는 팔십 난 노인인데도 늙은 태가
　　　없었다.
(58) 적은 궁지에 몰리자 곧 백기를 들었다.
(59) 밤 열한 시부터 오전 한 시까지를
　　　자시라고 한다.
(60) 여기가 우리 집안의 선조를 모신 사당이다.
(61) 중학교 3년 동안 같은 교실에서
　　　공부하였다.
(62) 그 방법은 정도가 아니라고 생각합니다.
(63) 고려는 어떤 방법으로 북방 민족의
　　　침략을 극복하였는가?
(64) 그는 자연을 벗 삼아 노래한다.
(65) 입학 원서에 주소를 기입했다.
(66) 농가 소득 증대를 위한 사업이 추진된다.
(67) 그런 일을 면전에서 말하기는 쑥스럽구나.
(68) 지금의 노력이 성패를 좌우할 것이다.
(69) 소수의 사람만 그 의견에 동의했다.
(70) 약속 장소를 모른다.
(71) 세상 사람을 모두 놀라게 할 일이
　　　벌어졌다.
(72) 그는 요즘 매우 활발하게 활동하고 있다.
(73) 학교와 집의 중간에 문구점이 있다.
(74) 할머니는 원래 읍내 나들이가 드문
　　　편이셨다.
(75) 오늘은 장마가 끝난 후 첫 휴일이다.

[問 76-78] 다음 漢字語의 反對字 또는 相對字 (상대자)를 골라 번호를 쓰세요.

(76) 和 : ① 戰 ② 消 ③ 油 ④ 郡

(77) 江 : ① 平 ② 車 ③ 由 ④ 山

(78) 樂 : ① 理 ② 苦 ③ 向 ④ 洞

[問 79-81] 다음 ( )에 들어갈 漢字를 〈예〉에서 찾아 그 번호를 쓰세요.

〈예〉
① 夏 ② 强 ③ 南 ④ 古

(79) 東西( )今

(80) 春( )秋冬

(81) 長短( )弱

[問 82-83] 다음 漢字와 뜻이 비슷한 漢字를 골라 그 번호를 쓰세요.

(82) 根 : ① 孝 ② 本 ③ 路 ④ 花

(83) 等 : ① 省 ② 勝 ③ 習 ④ 同

[問 84-85] 다음에서 소리는 같으나 뜻이 다른 漢字를 골라 그 번호를 쓰세요.

(84) 禮 : ① 樹 ② 例 ③ 藥 ④ 番

(85) 式 : ① 食 ② 淸 ③ 功 ④ 堂

[問 86-87] 다음 뜻을 가진 단어를 쓰세요.

〈예〉
쉬는 날 → 휴일

(86) 아침과 저녁 - ( )

(87) 새해 - ( )

[問 88-90] 다음 漢字의 ㉠ 획은 몇 번째 쓰는지 〈예〉에서 찾아 그 번호를 쓰세요. (화살표는 ㉠획의 위치에서 더불어 획을 쓰는 방향을 나타냅니다.)

〈예〉
① 첫 번째   ② 두 번째   ③ 세 번재
④ 네 번째   ⑤ 다섯 번째   ⑥ 여섯 번째
⑦ 일곱 번째   ⑧ 여덟 번째   ⑨ 아홉 번째
⑩ 열 번째   ⑪ 열한 번째

(88)

(89)

(90)

합격점수 : 63점
제한시간 : 50분

(社)한국어문회시행

● 수험생들에 의해 재생되었습니다.

[問 1-33] 다음 漢字語의 讀音을 쓰세요.

> 〈예〉
> 漢字 → 한자

(1) 代理　　(2) 戰勝　　(3) 發病　　(4) 成功

(5) 班別　　(6) 果樹　　(7) 等號　　(8) 使者

(9) 西洋　(10) 同窓　(11) 新藥　(12) 光線

(13) 本業　(14) 角形　(15) 交感　(16) 失意

(17) 習作　(18) 頭部　(19) 區分　(20) 愛族

(21) 目禮　(22) 放言　(23) 神童　(24) 英特

(25) 溫和　(26) 開始　(27) 注油　(28) 書堂

(29) 半球　(30) 高度　(31) 醫術　(32) 集計

(33) 各界

[問 34-56] 다음 漢字의 訓과 音을 쓰세요.

> 〈예〉
> 字 → 글자 자

(34) 庭　(35) 綠　(36) 陽　(37) 科

(38) 銀　(39) 郡　(40) 聞　(41) 朝

(42) 服　(43) 昨　(44) 永　(45) 近

(46) 今　(47) 親　(48) 音　(49) 席

(50) 待　(51) 晝　(52) 路　(53) 雪

(54) 信　(55) 運　(56) 野

[問 57-76] 다음 밑줄친 漢字語를 漢字로 쓰세요.

> 〈예〉
> 한국 → 韓國

(57) 우리는 한 사람 더 앉을 공간을 만들었다.

(58) 젊은이들이 농촌을 등지고 도시로 떠난다.

(59) 차가 다니는 차도를 함부로 건너서는 안 된다.

(60) 이 보일러는 일정한 온도가 되면 자동으로 꺼진다.

(61) 그녀는 관객들의 박수 속에 무대 위로 등장했다.

(62) 조카는 내년에 초등학교를 갑니다.

(63) 연금 제도는 노후 복지를 위한 것이다.

(64) 김 선생님은 매사를 너무 쉽게 생각한다.

(65) 그는 시골집에 가서 추석을 쇠고 왔다.

(66) 각 학교별로 대표자가 교기를 들고 입장하였다.

(67) 장군은 수만 명의 군사를 거느리고 전쟁터로 나갔다.

(68) 그녀는 편안한 옷차림을 하고 나왔다.

(69) 올해 삼촌이 대학교에 입학했다.

(70) 전화 수화기를 들고 다이얼을 돌렸다.

(71) 그는 지방에서 고등학교를 나왔다.

(72) 잠들기 직전에는 음식을 안 먹는 것이 좋다.

(73) 군인들이 군가를 부르며 지나간다.

(74) 거센 바람이 불어와 초가지붕을 다 날려 버렸다.

(75) 그는 평시보다 일찍 학교에 도착하였다.

(76) 시장에는 새벽부터 사람들이 활기에 차 있다.

[問 77-78] 다음 漢字語의 反對字 또는 相對字(상대자)를 골라 번호를 쓰세요.

(77) 長 : ① 花 ② 京 ③ 林 ④ 短

(78) 强 : ① 弟 ② 弱 ③ 幸 ④ 表

[問 79-80] 다음 ( )에 들어갈 漢字를 〈예〉에서 찾아 그 번호를 쓰세요.

〈예〉
① 公 ② 海 ③ 樂 ④ 合

(79) 生死苦( )

(80) ( )明正大

[問 81-82] 다음 漢字와 뜻이 비슷한 漢字를 골라 그 번호를 쓰세요.

(81) 急 : ① 速 ② 太 ③ 孝 ④ 植

(82) 圖 : ① 右 ② 園 ③ 晝 ④ 記

[問 83-85] 다음에서 소리는 같으나 뜻이 다른 漢字를 골라 그 번호를 쓰세요.

(83) 用 : ① 現 ② 勇 ③ 祖 ④ 利

(84) 美 : ① 米 ② 市 ③ 夕 ④ 春

(85) 少 : ① 消 ② 行 ③ 黃 ④ 物

[問 86-87] 다음 漢字語의 뜻을 풀이하세요.

〈예〉
國語 → 한 나라의 국민이 쓰는 말

(86) 姓名

(87) 休日

[問 88-90] 다음 漢字의 ㉠ 획은 몇 번째 쓰는지 〈예〉에서 찾아 그 번호를 쓰세요. (화살표는 ㉠획의 위치에서 더불어 획을 쓰는 방향을 나타냅니다.)

〈예〉
① 첫 번째 ② 두 번째 ③ 세 번재
④ 네 번째 ⑤ 다섯 번째 ⑥ 여섯 번째
⑦ 일곱 번째 ⑧ 여덟 번째 ⑨ 아홉 번째

(88)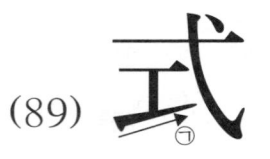

(89)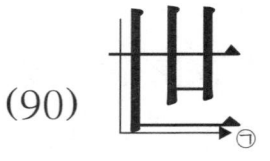

(90) 世

(社)한국어문회시행
● 수험생들에 의해 재생되었습니다.

[問 1-33] 다음 漢字語의 讀音을 쓰세요.

〈예〉
漢字 → 한자

(1) 共感　(2) 使用　(3) 親書　(4) 立席

(5) 作業　(6) 戰線　(7) 番號　(8) 特別

(9) 窓門　(10) 始動　(11) 公社　(12) 電信

(13) 學習　(14) 算術　(15) 美男　(16) 放火

(17) 分速　(18) 石英　(19) 衣服　(20) 新綠

(21) 意向　(22) 本部　(23) 强者　(24) 成功

(25) 雪夜　(26) 平野　(27) 身體　(28) 勝運

(29) 庭園　(30) 海洋　(31) 勇氣　(32) 民族

(33) 交通

[問 34-56] 다음 漢字의 訓과 音을 쓰세요.

〈예〉
字 → 글자 자

(34) 形　(35) 朝　(36) 溫　(37) 數

(38) 發　(39) 失　(40) 飮　(41) 理

(42) 消　(43) 計　(44) 太　(45) 自

(46) 式　(47) 病　(48) 目　(49) 球

(50) 陽　(51) 等　(52) 注　(53) 表

(54) 由　(55) 時　(56) 愛

[問 57-76] 다음 밑줄친 漢字語를 漢字로 쓰세요.

〈예〉
한국 → 韓國

(57) 이 동네에 화초 파는 가게가 많다.

(58) 그의 부모님은 교육자이시다.

(59) 읍내 방면으로 큰 길이 났다.

(60) 매일 운동을 열심히 한다.

(61) 생물 시간에 개구리를 해부했다.

(62) 대국을 섬기는 사대사상을 버리자.

(63) 그 마을엔 백년 넘게 사는 사람이 많다.

(64) 농토를 버리고 도시로 떠나는 사람이 많다.

(65) 노인을 공경하는 사회를 만들자.

(66) 토요일에 등산 가기로 했다.

(67) 오색이 찬란하게 빛난다.

(68) 정직하게 사는 사람이 성공한다.

(69) 네가 건강하다니 안심이 된다.

(70) 어머니는 내실에 계신다.

(71) 천연 자원을 아껴 써야 한다.

(72) 주소만 가지고 집을 찾기가 쉽지 않다.

(73) 시장에 가서 과일을 샀다.

(74) 그분은 훌륭한 교육자이시다.

(75) 소식을 하는 것이 건강에 좋다.

(76) 교장 선생님께서 상장을 주신다.

[問 77-78] 다음 漢字語의 反對字 또는 相對字 (상대자)를 골라 번호를 쓰세요.

(77) 昨 : ① 今 ② 有 ③ 主 ④ 休

(78) 足 : ① 在 ② 寸 ③ 午 ④ 手

[問 79-80] 다음 ( )에 들어갈 漢字를 〈예〉에서 찾아 그 번호를 쓰세요.

〈예〉
① 淸 ② 重 ③ 幸 ④ 地

(79) 千萬多( )

(80) ( )風明月

[問 81-82] 다음 漢字와 뜻이 비슷한 漢字를 골라 그 번호를 쓰세요.

(81) 樹 : ① 光 ② 口 ③ 苦 ④ 木

(82) 圖 : ① 村 ② 畫 ③ 川 ④ 孝

[問 83-85] 다음에서 소리는 같으나 뜻이 다른 漢字를 골라 그 번호를 쓰세요.

(83) 旗 : ① 急 ② 記 ③ 區 ④ 言

(84) 童 : ① 名 ② 聞 ③ 郡 ④ 洞

(85) 弱 : ① 油 ② 度 ③ 藥 ④ 邑

[問 86-87] 다음 뜻을 가진 단어를 쓰세요.

〈예〉
쉬는 날 → 휴일

(86) 군대에서 부르는 노래 → ( )( )

(87) 앞뒤, 먼저와 나중 → ( )( )

[問 88-90] 다음 漢字의 ㉠ 획은 몇 번째 쓰는지 〈예〉에서 찾아 그 번호를 쓰세요. (화살표는 ㉠획의 위치에서 더불어 획을 쓰는 방향을 나타냅니다.)

〈예〉
⑦ 일곱 번째　⑧ 여덟 번째　⑨ 아홉 번째
⑩ 열 번째　⑪ 열한 번째　⑫ 열두 번째

(88)

(89)

(90)

합격점수 : 63점
제한시간 : 50분

(社)한국어문회시행

● 수험생들에 의해 재생되었습니다.

[問 1-33] 다음 漢字語의 讀音을 쓰세요.

〈예〉
漢字 → 한자

(1) 그는 後孫에게 성실함을 당부하였다.
(2) 영희는 綠色 물감으로 나뭇잎을 색칠하였다.
(3) 서울로 떠났다는 所聞이 있다.
(4) 학생들이 강원도로 方言 조사를 떠났다.
(5) 한국 장교들이 美軍 장교들과 회의를 했다.
(6) 상가에 放火한 범인을 잡았다.
(7) 심청전은 孝女에 대한 이야기이다.
(8) 사고를 당했으나 生命에는 지장이 없다.
(9) 신랑 신부는 禮物 반지를 교환하였다.
(10) 정부에서는 白米 오천 석을 나눠 주었다.
(11) 나라마다 관광자원 開發에 공을 들인다.
(12) 우리는 老弱한 분에게 자리를 양보하였다.
(13) 기차를 利用하여 수학여행을 떠났다.
(14) 천당과 지옥의 來世에 대한 이야기
(15) 그는 숫자 計算에 매우 밝다.
(16) 부모님께 자식의 道理를 다하여야 한다.
(17) 역도 선수들은 强度높은 훈련을 하였다.
(18) 포도청에서 도둑의 頭目을 사로잡았다.
(19) 수학 문제의 正答을 맞히고 기뻐하였다.
(20) 우리는 등장인물의 선악을 區分하였다.
(21) 선생님은 모험에 대한 童話를 들려 주셨다.
(22) 그는 根本있는 집안에서 태어났다.
(23) 사람은 高等한 생물이다.
(24) 그의 연설에 모두가 感動했다.
(25) 그는 工科대학에서 기계를 연구했다.
(26) 아버님은 평생 農事를 지으셨다.
(27) 역사 시간에 近代 사상사를 배웠다.
(28) 올 여름 학업 成果를 올려 볼 생각이다.
(29) 그의 눈에서 光線이 뿜어 나오는 듯 했다.
(30) 아버님은 上京 채비를 갖추셨다.
(31) 우리는 선생님과 圖書 전시회에 갔다.
(32) 그는 地球는 둥글다고 주장하였다.
(33) 약속 時間을 잘 지켜야 한다.

[問 34-56] 다음 漢字의 訓과 音을 쓰세요.

〈예〉
字 → 글자 자

(34) 勝 (35) 親 (36) 注 (37) 特
(38) 意 (39) 始 (40) 洋 (41) 作
(42) 陽 (43) 由 (44) 神 (45) 術
(46) 服 (47) 角 (48) 席 (49) 苦
(50) 別 (51) 例 (52) 李 (53) 路
(54) 短 (55) 待 (56) 堂

[問 57-76] 다음 밑줄친 漢字語를 漢字로 쓰세요.

〈예〉
한국 → 韓國

(57) 매일 도서관에 간다.
(58) 많은 시민들이 운동장에 모였다.
(59) 그는 수족이 차고 얼굴이 창백하다.
(60) 식목일에 나무를 심는다.
(61) 식전에 냉수를 한 컵 마신다.
(62) 오월 오일은 어린이 날이다.
(63) 청년들은 모두 전쟁터로 갔다.
(64) 많은 백성들이 그를 존경하였다.
(65) 우리는 적들을 이중으로 포위했다.
(66) 일 년 교육을 받고 공장에서 일하고 있다.
(67) 마당에 예쁜 화초들이 많이 피었다.
(68) 인간은 직립하는 동물이다.
(69) 강촌에 살면서 물고기를 잡았다.
(70) 그는 선천적으로 아름다운 음성을 가졌다.
(71) 유명한 시인들의 작품을 모았다.
(72) 자연 속에서 좋은 하루를 보냈다.
(73) 왕실에서 뛰어난 선비들이 많이 나왔다.
(74) 감동적인 장면이 나오자 박수를 쳤다.
(75) 출입할 때는 신분증을 제시했다.
(76) 많은 인부들이 공사장에서 일했다.

[問 77-78] 다음 漢字語의 反對字 또는 相對字 (상대자)를 골라 번호를 쓰세요.

(77) 多 : ① 少 ② 小 ③ 半 ④ 番

(78) 冬 : ① 登 ② 夏 ③ 車 ④ 運

[問 79-80] 다음 (   )에 들어갈 漢字를 〈예〉에서 찾아 그 번호를 쓰세요.

〈예〉
① 主 ② 夜 ③ 男 ④ 今

(79) 東西古(   )

(80) 晝(   )長川

[問 81-82] 다음 漢字와 뜻이 비슷한 漢字를 골라 그 번호를 쓰세요.

(81) 體 : ① 兄 ② 藥 ③ 戰 ④ 身

(82) 洞 : ① 寸 ② 里 ③ 住 ④ 和

[問 83-85] 다음에서 소리는 같으나 뜻이 다른 漢字를 골라 그 번호를 쓰세요.

(83) 英 : ① 才 ② 永 ③ 午 ④ 中

(84) 氣 : ① 急 ② 空 ③ 記 ④ 死

(85) 公 : ① 功 ② 交 ③ 九 ④ 郡

[問 86-87] 다음 漢字語의 뜻을 풀이하세요.

〈예〉
全國 → 온 나라

(86) 海風

(87) 樹林

[問 88-90] 다음 漢字의 진하게 표시한 획은 몇 번째 쓰는지 〈예〉에서 찾아 그 번호를 쓰세요.

〈예〉
⑦ 일곱 번째   ⑧ 여덟 번째   ⑨ 아홉 번째
⑩ 열 번째   ⑪ 열한 번째   ⑫ 열두 번째

(88)

(89)

(90)

합격점수 : 63점
제한시간 : 50분

(社)한국어문회시행
● 수험생들에 의해 재생되었습니다.

[問 1-33] 다음 밑줄 친 漢字語의 讀音을 쓰세요.

〈보기〉
漢字 → 한자

(1) 그것은 부정할 수 없는 明白한 사실이다.
(2) 경찰은 公共의 질서를 위해 봉사한다.
(3) 急行 열차가 방금 출발하였다.
(4) 버스 기사는 운행 路線을 잘 지켰다.
(5) 오늘은 溫度가 많이 올라갔다.
(6) 이 병에는 한약보다 洋藥이 더 좋다.
(7) 신문사에서 號外를 발행하였다.
(8) 이 땅 위에 樂園을 만들어 보자.
(9) 그는 道術을 부릴 수 있는 능력이 있다.
(10) 소리의 長短을 구별하기 어렵다.
(11) 가을은 讀書하기에 좋은 계절이다.
(12) 雪夜라서 가로등이 더욱 아름답다.
(13) 그와 나는 초등학교 同窓이다.
(14) 영희는 算數를 더 좋아한다.
(15) 중간고사에는 전 科目을 시험본다.
(16) 이 지역은 무엇보다 工業으로 유명하다.
(17) 출퇴근 시간에는 交通 상황이 안좋다.
(18) 親愛하는 국민 여러분.
(19) 그는 近世에 가장 뛰어난 학자이다.
(20) 국제 電話로 외국친구의 안부를 물었다.
(21) 오늘 우리 반 新聞을 발행하였다.
(22) 이 과일은 形色이 모두 아름답다.
(23) 가을은 百果가 익기 좋은 계절이다.
(24) 점수를 합계하여 우승자를 發表하였다.
(25) 은행에 예금하면 利子가 발생한다.
(26) 우리 팀에게 幸運이 따라 주었다.
(27) 건물을 放火한 사람이 붙잡혔다.
(28) 그는 고향에서 農地를 마련하였다.
(29) 마침내 특공부대가 作戰에 성공하였다.
(30) 英才들의 조기 교육이 시작되었다.
(31) 우리 마을 전체 면적의 반이 林野이다.
(32) 이것이 내가 그의 주장에 찬성하는 理由이다.
(33) 저 산은 나무가 없고 黃土만 드러나 있다.

[問 34-55] 다음 漢字의 訓과 音을 쓰세요.

〈보기〉
字 → 글자 자

(34) 植
(35) 育
(36) 風
(37) 孝
(38) 淸
(39) 集
(40) 意
(41) 勇
(42) 信
(43) 別
(44) 米
(45) 里
(46) 頭
(47) 歌
(48) 部
(49) 等
(50) 動
(51) 氣
(52) 旗
(53) 答
(54) 姓
(55) 和

[問 56-75] 다음 밑줄친 漢字語를 漢字로 쓰세요.

〈보기〉
한국 → 韓國

(56) 그는 노모를 모시고 사는 효자이다.
(57) 생명보다 더 소중한 것은 없다.
(58) 그는 매일 10킬로미터씩을 걷는다.
(59) 강촌에 꽃들이 만발했다.
(60) 실내의 공기가 신선하지 못한 것 같다.
(61) 정오를 알리는 기적 소리가 들렸다.
(62) 운동장에 많은 시민들이 모여 있다.
(63) 해가 뜨니 모든 사물이 제 모습을 드러낸다.
(64) 태풍이 지나갔다니 안심이 된다.
(65) 자연 환경이 훼손되어서는 안된다.
(66) 천상에서 아름다운 음악이 흘러 나왔다.
(67) 사람들은 직립으로 보행한다.
(68) 이번에 새 아파트로 입주했다.
(69) 사방에 온갖 꽃들이 피어있다.
(70) 중간에 그만두면 아니함만 못하다.

(71) 저 산은 <u>초목</u>이 무성하다.

(72) 가뭄이 들어 <u>식수</u>가 부족하다.

(73) 바다를 지키는 <u>해군</u>들은 용감하다.

(74) 그는 <u>청년</u> 시절 독립운동을 하였다.

(75) 그는 매일매일 <u>등산</u>을 한다.

[問 76-78] 다음 漢字의 반의자(反義字) 또는 상대자(相對字)를 골라 번호를 쓰세요.

(76) 多 : ① 小   ② 少   ③ 分   ④ 太

(77) 足 : ① 車   ② 口   ③ 九   ④ 手

(78) 先 : ① 後   ② 晝   ③ 番   ④ 銀

[問 79-81] 다음 (   )에 들어갈 漢字를 〈보기〉 에서 찾아 그 번호를 쓰세요.

〈보기〉
① 族   ② 夏   ③ 男
④ 勝   ⑤ 今   ⑥ 樹

(79) 春(   )秋冬 : 봄·여름·가을·겨울

(80) 南(   )北女 : 남쪽 지방은 남자가 잘
나고 북쪽 지방은 여자
가 아름답다는 뜻

(81) 東西古(   ) : 동양과 서양,
옛날과 지금

[問 82-83] 다음 漢字와 뜻이 비슷한 漢字를 골라 그 번호를 쓰세요

(82) 家 : ① 本   ② 病   ③ 面   ④ 堂

(83) 訓 : ① 習   ② 神   ③ 感   ④ 教

[問 84-85] 다음 중 소리는 같으나 뜻이 다른 漢字를 골라 그 번호를 쓰세요.

(84) 省 : ① 服   ② 成   ③ 身   ④ 特

(85) 朝 : ① 章   ② 庭   ③ 祖   ④ 始

[問 86-87] 다음 뜻을 가진 단어를 漢字로 쓰세요.

〈보기〉
몸무게 → (體重)

(86) 큰 문 - (   )

(87) 형과 아우 - (   )

[問 88-90] 다음 漢字의 짙게 표시한 획은 몇 번째 쓰는 획인지 〈보기〉에서 찾아 그 번호를 쓰세요.

〈보기〉
① 첫 번째   ② 두 번째   ③ 세 번째
④ 네 번째   ⑤ 다섯 번째   ⑥ 여섯 번째
⑦ 일곱 번째   ⑧ 여덟 번째   ⑨ 아홉 번째
⑩ 열 번째   ⑪ 열한 번째   ⑫ 열두 번째

(88) 代

(89) 界

(90) 席

합격점수 : 63점
제한시간 : 50분

㈜한국어문회시행

● 수험생들에 의해 재생되었습니다.

[問 1-33] 다음 밑줄 친 漢字語의 讀音을 쓰세요.

〈보기〉
漢字 → 한자

(1) <u>高度</u>의 기술이 필요하다.
(2) <u>公有</u> 재산은 소중히 사용해야 한다.
(3) 낡은 <u>電線</u>은 바꿔야 한다.
(4) <u>上空</u>에 비행기가 난다.
(5) 국토 <u>開發</u> 사업이 한창이다.
(6) <u>頭目</u>의 체구가 건장하다.
(7) <u>世界</u> 지도를 보고 나라를 찾는다.
(8) 비어 있는 <u>農家</u>들이 많다.
(9) 그는 <u>本來</u> 말이 없는 사람이다.
(10) <u>感氣</u>에 걸려 기침이 심하다.
(11) 고마운 분에게 <u>答禮</u> 편지를 썼다.
(12) <u>工作</u> 시간에 필통을 만들었다.
(13) 나이가 많지만 <u>童心</u>을 잃지 않는다.
(14) 그 꽃이 <u>果然</u> 아름답다.
(15) 사람을 <u>等神</u> 취급한다.
(16) 돈 <u>計算</u>을 정확히 한다.
(17) 편지를 <u>登記</u>로 보낸다.
(18) <u>太陽</u>이 찬란히 빛난다.
(19) 나쁜 <u>風習</u>은 고쳐야 한다.
(20) 그는 <u>書畵</u>에 모두 뛰어났다.
(21) 대통령 <u>特使</u>로 미국에 갔다.
(22) 과학자는 모든 <u>事物</u>을 깊이 관찰한다.
(23) 전염병으로 <u>病死</u>하는 사람들이 줄어든다.
(24) <u>出席</u>을 부르고 수업을 시작했다.
(25) 많은 <u>部下</u>들이 그를 따랐다.
(26) <u>每番</u> 일등하기란 쉬운 일이 아니다.
(27) 그는 <u>立身</u>출세한 사람이다.
(28) 비행기를 <u>利用</u>하는 사람이 많다.
(29) <u>綠色</u>이 눈에 좋다고 한다.
(30) <u>草堂</u>을 짓고 열심히 글을 읽었다.
(31) <u>野球</u> 열기가 대단하다.
(32) <u>理科</u> 반에서 공부한다.
(33) <u>道路</u>가 잘 정비되었다.

[問 34-55] 다음 漢字의 訓과 音을 쓰세요.

〈보기〉
國 → 나라 국

(34) 根　　(35) 集　　(36) 信
(37) 注　　(38) 功　　(39) 速
(40) 通　　(41) 待　　(42) 圖
(43) 場　　(44) 京　　(45) 旗
(46) 始　　(47) 消　　(48) 石
(49) 成　　(50) 角　　(51) 雪
(52) 林　　(53) 分　　(54) 美
(55) 動

[問 56-75] 다음 밑줄친 漢字語를 漢字로 쓰세요.

〈보기〉
국어 → 國語

(56) 집 <u>주인</u>은 도시 사람이다.
(57) 그의 <u>조부</u>는 뛰어난 학자였다.
(58) <u>모자</u>간에 대화가 많았다.
(59) <u>토지</u>를 개간하여 농사를 짓는다.
(60) <u>생식</u>하는 것이 건강에 좋다고 한다.
(61) <u>사방</u>으로 큰 길이 났다.
(62) <u>성명</u>은 한자로 쓸 줄 알아야 한다.
(63) 20살에 <u>대학</u>에 간다.
(64) <u>정오</u>의 햇볕이 뜨겁다.
(65) <u>천년</u>에 한번 올 수 있는 기회다.
(66) <u>선수</u>를 쳐서 시합에 이겼다.
(67) <u>왕실</u>에서 예법을 배웠다.
(68) <u>만금</u>을 주고도 살 수 없다.
(69) 나무를 심는 날이 <u>식목</u>일이다.
(70) 운동장 <u>입구</u>에 매표소가 있다.

(71) 개학과 <u>동시</u>에 시험을 치른다.

(72) <u>강산</u>의 경치가 아름답다.

(73) 마을을 <u>동리</u>라고 한다.

(74) 그분은 훌륭한 <u>교육</u>자이시다.

(75) <u>시민</u>들의 의견을 존중해야 한다.

[問 76-78] 다음 漢字의 반의자(反義字) 또는
상대자(相對字)를 골라 번호를 쓰세요.

(76) 長 : ① 共 ② 車 ③ 短 ④ 代

(77) 苦 : ① 樂 ② 前 ③ 交 ④ 急

(78) 朝 : ① 表 ② 英 ③ 式 ④ 夕

[問 79-81] 다음 ( )에 들어갈 漢字를 〈보기〉
에서 찾아 그 번호를 쓰세요.

〈보기〉
① 由 ② 省 ③ 足
④ 中 ⑤ 形

(79) 自( )自在 : 거침없이 자기 마음대
로 할 수 있음

(80) 一日三( ) : 하루 세 번 자신을
반성함

(81) 十( )八九 : 거의 대부분이거나 거의
틀림 없음.

[問 82-83] 다음 漢字와 뜻이 비슷한 漢字를 골라
그 번호를 쓰세요.

(82) 海 : ① 庭 ② 直 ③ 洋 ④ 親

(83) 區 : ① 別 ② 光 ③ 郡 ④ 古

[問 84-85] 다음 중 소리(音)는 같으나 뜻(訓)
이 다른 漢字를 골라 그 번호를 쓰세요.

(84) 話 : ① 號 ② 向 ③ 花 ④ 行

(85) 園 : ① 永 ② 業 ③ 遠 ④ 油

[問 86-87] 다음 뜻을 가진 단어를 漢字로
쓰세요.

〈보기〉
(국어) : 국민이 쓰는 말 → (國語)

(86) (수문) : 물의 양을 조절하는 문

(87) (내외) : 안팎

[問 88-90] 다음 漢字의 짙게 표시한 획은 몇 번
째 쓰는 획인지 〈보기〉에서 찾아 그 번호를 쓰세요.

〈보기〉
① 첫 번째   ② 두 번째   ③ 세 번째
④ 네 번째   ⑤ 다섯 번째   ⑥ 여섯 번째
⑦ 일곱 번째   ⑧ 여덟 번째   ⑨ 아홉 번째
⑩ 열 번째   ⑪ 열한 번째   ⑫ 열두 번째

(88)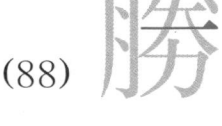

(89)

(90)

합격점수 : 63점
제한시간 : 50분

(社)한국어문회시행

● 수험생들에 의해 재생되었습니다.

[問 1-33] 다음 밑줄 친 漢字語의 讀音을 쓰세요.

〈보기〉
漢字 → 한자

(1) 빈 空間에 화초를 심는다.
(2) 地球는 둥글다.
(3) 郡民의 숫자가 줄어든다.
(4) 흔히 시조를 短歌라고 한다.
(5) 결혼 答禮품은 간소해야 한다.
(6) 苦樂을 함께 해 온 좋은 친구다.
(7) 고속道路에서 차들이 빨리 달린다.
(8) 그 소설에 共感하는 독자들이 많다.
(9) 先頭에 서서 부하들을 지휘한다.
(10) 農夫들은 대부분 부지런하다.
(11) 急速히 기온이 높아졌다.
(12) 반장 선거에 記號 1번으로 입후보했다.
(13) 서로 같음을 표시하는 관계식을 等式이라
한다.
(14) 장사꾼들은 計算에 밝다.
(15) 어떤 일의 실제의 예를 事例라고 한다.
(16) 지하철이 있어 교통이 便利하다.
(17) 청년은 勇氣가 있어야 한다.
(18) 天理는 천지자연의 바른 이치다.
(19) 회사에서 그는 名目뿐인 사장이다.
(20) 여러 角度로 관찰해 보고 판단한다.
(21) 좋은 과일을 區別하기가 쉽지 않다.
(22) 家業으로 농사를 짓는 집에서 태어났다.
(23) 自然의 힘은 위대하다.
(24) 太陽의 힘으로 모든 식물이 자란다.
(25) 명령에 不服하면 처벌받는다.
(26) 수력 發電으로 많은 전기를 얻는다.
(27) 庭園에 꽃이 만발하였다.
(28) 과거에 급제하는 것을 登科라고 한다.
(29) 옛날부터 전해 오는 由來를 더듬어 본다.
(30) 나쁜 所聞을 퍼뜨리는 사람들이 있다.
(31) 사람의 運命은 하늘에 달렸다고 한다.
(32) 사람이 죽으면 저승使者가 혼을 잡아간다
고 한다.
(33) 死線을 넘어 생명을 구했다.

[問 34-55] 다음 漢字의 訓과 音을 쓰세요.

〈보기〉
字 → 글자 자

(34) 和   (35) 野   (36) 分
(37) 親   (38) 堂   (39) 待
(40) 戰   (41) 交   (42) 番
(43) 族   (44) 每   (45) 向
(46) 活   (47) 圖   (48) 各
(49) 現   (50) 病   (51) 愛
(52) 形   (53) 洋   (54) 章
(55) 在

[問 56-75] 다음 밑줄친 漢字語를 漢字로 쓰세요.

〈보기〉
한국 → 韓國

(56) 부모님이 건강하다는 소식을 들으니
안심이 된다.
(57) 실내 공기가 혼탁하다.
(58) 오후에 축구 시합을 했다.
(59) 조부께서는 뛰어난 유학자이셨다.
(60) 심청이는 효녀이다.
(61) 재래시장은 값이 싸다.
(62) 중식으로 우동을 먹었다.
(63) 왕자로 태어나 엄격한 교육을 받았다.
(64) 형이 돌아옴과 동시에 아우도 돌아왔다.
(65) 평면의 넓이가 같다.
(66) 학교 입구에 수위실이 있다.
(67) 동리에 큰 병원이 생겼다.
(68) 모든 생물의 삶은 고귀하다.
(69) 사방에서 매미가 울어댄다.
(70) 백년을 살기란 쉽지 않다.

(71) 청색의 옷이 잘 어울린다.

(72) 세상은 넓고 크다.

(73) 수학 공부가 어렵다.

(74) 뛰어난 목수를 구하기 힘들다.

(75) 해수는 짜서 그냥 먹지 못한다.

[問 76-78] 다음 漢字의 반대 또는 상대되는 글자를 골라 그 번호를 쓰세요.

(76) 朝 : ① 部 ② 石 ③ 習 ④ 夕

(77) 近 : ① 遠 ② 本 ③ 休 ④ 身

(78) 冬 : ① 代 ② 夏 ③ 金 ④ 窓

[問 79-81] 다음 ( )에 알맞은 漢字를 〈보기〉에서 찾아 그 번호를 쓰세요.

〈보기〉
① 今 ② 多 ③ 工
④ 老 ⑤ 五 ⑥ 根

(79) 東西古( ) : 동양과 서양, 옛날과 지금을 통틀어 이르는 말

(80) 三三五( ) : 여러 사람이 떼를 지어 다님

(81) 千萬( )幸 : 아주 다행함

[問 82-83] 다음 漢字와 뜻이 비슷한 漢字를 골라 그 번호를 쓰세요.

(82) 光 : ① 言 ② 美 ③ 半 ④ 明

(83) 樹 : ① 體 ② 林 ③ 失 ④ 用

[問 84-85] 다음 중 소리(音)는 같으나 뜻(訓)이 다른 漢字를 골라 그 번호를 쓰세요.

(84) 成 : ① 書 ② 消 ③ 姓 ④ 神

(85) 弱 : ① 藥 ② 衣 ③ 意 ④ 直

[問 86-87] 다음 漢字語의 뜻을 풀이 하세요.

〈보기〉
體力 : 몸의 힘

(86) 雪風 :

(87) 教育 :

[問 88-90] 다음 漢字의 짙게 표시한 획은 몇 번째 쓰는 획인지 〈보기〉에서 찾아 그 번호를 쓰세요.

〈보기〉
① 첫 번째 ② 두 번째 ③ 세 번째
④ 네 번째 ⑤ 다섯 번째 ⑥ 여섯 번째
⑦ 일곱 번째 ⑧ 여덟 번째 ⑨ 아홉 번째
⑩ 열 번째 ⑪ 열한 번째 ⑫ 열두 번째

(88)

(89)

(90)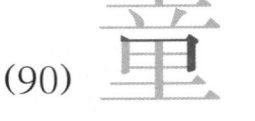

(社)한국어문회시행 ● 수험생들에 의해 재생되었습니다.

[問 1-33] 다음 밑줄 친 漢字語의 讀音을 쓰세요.

〈보기〉
漢字 → 한자

(1) 現物로 세금을 낸적도 있었다.
(2) 軍歌를 씩씩하게 부른다.
(3) 先親께서는 아주 건강하셨다.
(4) 수학에 頭角을 나타냈다.
(5) 圖章을 함부로 사용해서는 안된다.
(6) 各界에서 뛰어난 사람들이 다 모였다.
(7) 투표자 수를 集計한 결과 그가 1등이었다.
(8) 有利한 입장에서 경기에 참가했다.
(9) 할아버지의 할아버지를 高祖라고 한다.
(10) 경찰이 범인의 所在를 찾는다.
(11) 야구 球場을 새로 짓는다.
(12) 美術 시간에 봄 풍경을 그렸다.
(13) 民意를 잘 파악해야 좋은 지도자가 된다.
(14) 例事로 생각하고 그냥 지나쳐 버렸다.
(15) 적의 心理를 파악하기가 쉽지 않다.
(16) 名分을 지키고 훌륭히 일을 해냈다.
(17) 양반들은 體面을 중시했다.
(18) 편지를 보냈더니 答信이 왔다.
(19) 화목한 家庭에서 자랐다.
(20) 왕의 特命을 받고 싸움터로 나갔다.
(21) 김치를 담그는 方式이 지방에 따라 다르다.
(22) 같은 番地에 여러 집이 모여 있다.
(23) 80세로 할아버지가 別世하셨다.
(24) 시조 部門에서 대상을 받았다.
(25) 死活의 갈림길에서 온 힘을 다해 싸웠다.
(26) 勝算이 없는 게임이지만 최선을 다했다.
(27) 線路를 따라 코스모스가 아름답게 피었다.
(28) 區間에 따라 차량의 속도가 다르다.
(29) 用度에 알맞는 연장을 써야 한다.
(30) 그의 말에 感服하여 눈물을 흘렸다.
(31) 그는 바이올린의 神童으로 널리 알려졌다.
(32) 開始부터 많은 손님이 몰렸다.
(33) 열심히 일해 많은 成果를 내었다.

[問 34-55] 다음 漢字의 訓과 音을 쓰세요.

〈보기〉
字 → 글자 자

(34) 使　　(35) 每　　(36) 等
(37) 書　　(38) 野　　(39) 油
(40) 省　　(41) 待　　(42) 溫
(43) 愛　　(44) 雪　　(45) 海
(46) 通　　(47) 由　　(48) 交
(49) 聞　　(50) 消　　(51) 登
(52) 農　　(53) 勇　　(54) 病
(55) 席

[問 56-75] 다음 밑줄친 漢字語를 漢字로 쓰세요.

〈보기〉
국어 → 國語

(56) 정직한 사람이 성공한다.
(57) 집 주인은 미국에 산다.
(58) 고기는 학교를 상징한다.
(59) 양심은 천금을 주고도 살 수 없다.
(60) 그 분과 나는 촌수가 매우 가깝다.
(61) 동기간에는 서로 사이가 좋아야 한다.
(62) 내일은 일요일이다.
(63) 시중에 이상한 소문이 나돈다.
(64) 쉬운 일에만 안주해서는 안된다.
(65) 평생을 학문에 바쳤다.
(66) 시베리아에는 천연 자원이 풍부하다.
(67) 이 전화기에는 자동 응답 기능이 있다.
(68) 그 분은 훌륭한 교육자이시다.
(69) 몸이 불편한 분을 도와주자.
(70) 하산하다가 발을 다쳤다.

(71) <u>읍내</u>에 병원이 새로 생겼다.

(72) 부서의 우두머리가 <u>실장</u>이다.

(73) 마당에 <u>화초</u>가 만발하였다.

(74) <u>오전</u>에는 공부를 했다.

(75) <u>출구</u>가 막혀서 많은 사람이 다쳤다.

[問 76-78] 다음 漢字의 반대 또는 상대되는 글자를 골라 그 번호를 쓰세요.

(76) 昨 : ① 急 ② 今 ③ 古 ④ 身

(77) 強 : ① 空 ② 苦 ③ 弱 ④ 記

(78) 近 : ① 郡 ② 遠 ③ 根 ④ 李

[問 79-81] 다음 ( )에 들어갈 漢字를 〈보기〉에서 찾아 그 번호를 쓰세요.

〈보기〉
① 百   ② 少   ③ 朝   ④ 失
⑤ 大   ⑥ 道   ⑦ 立   ⑧ 靑

(79) 男女老(   ) : 남자와 여자,
　　　　　　　　 늙은이와 젊은이

(80) 二八(   )春 : 16세 무렵의 꽃다운
　　　　　　　　 청춘

(81) 一(   )一夕 : 하루 아침과 하루 저녁

[問 82-83] 다음 漢字와 뜻이 비슷한 漢字를 골라 그 번호를 쓰세요.

(82) 科 : ① 公 ② 里 ③ 目 ④ 木

(83) 樹 : ① 林 ② 放 ③ 班 ④ 食

[問 84-85] 다음 중 소리(音)는 같으나 뜻(訓) 이 다른 漢字를 골라 그 번호를 쓰세요.

(84) 功 : ① 衣 ② 共 ③ 入 ④ 川

(85) 洋 : ① 業 ② 陽 ③ 運 ④ 戰

[問 86-87] 다음 漢字語의 뜻을 풀이 하세요.

〈보기〉
體力 : 몸의 힘

(86) 晝夜 :

(87) 名醫 :

[問 88-90] 다음 漢字의 짙게 표시한 획은 몇 번 째 쓰는 획인지 〈보기〉에서 찾아 그 번호를 쓰세요.

〈보기〉
① 첫 번째　　② 두 번째　　③ 세 번째
④ 네 번째　　⑤ 다섯 번째　⑥ 여섯 번째
⑦ 일곱 번째　⑧ 여덟 번째　⑨ 아홉 번째
⑩ 열 번째　　⑪ 열한 번째　⑫ 열두 번째

(88)

(89)

(90)

예 상 문 제 정 답

제1회 예상문제

1. 서당	2. 온도	3. 출석	4. 평야
5. 급행	6. 정면	7. 음독	8. 다수
9. 좌우	10. 주의	11. 양약	12. 작년
13. 반성	14. 대리	15. 농업	16. 노선
17. 온화	18. 운동	19. 석유	20. 사용
21. 다행	22. 읍내	23. 병자	24. 미술
25. 시작	26. 조석	27. 수도	28. 등교
29. 일출	30. 번호	31. 임야	32. 제목
33. 가수	34. 이제금	35. 남녘남	36. 성리
37. 바다해	38. 안내	39. 동녘동	40. 집가
41. 눈설	42. 아니불/부	43. 기를육	44. 공평할공
45. 근본본	46. 믿을신	47. 봄춘	48. 성성
49. 고을군	50. 기름유	51. 나타날현	52. 푸를록
53. 줄선	54. 일사	55. 느낄감	56. 三寸
57. 春秋	58. 祖父母	59. 重大	60. 山所
61. 水平	62. 力道	63. 不足	64. 百萬
65. 生前	66. 生氣	67. 一心	68. 自家
69. 手記	70. 外來語	71. 西方	72. 電算
73. 午前	74. 年老	75. 千秋	76. 天然
77. ④	78. ①	79. ③	80. ①
81. ①	82. ④	83. ③	84. ②
85. ①	86. 금년	87. 상하	88. ②
89. ③	90. ①		

제3회 예상문제

1. 감기	2. 집합	3. 오후	4. 산촌
5. 의복	6. 식사	7. 도면	8. 화집
9. 주유	10. 운동	11. 예외	12. 청춘
13. 석유	14. 동리	15. 시계	16. 용기
17. 자획	18. 계산	19. 야학	20. 개장
21. 생명	22. 황색	23. 학문	24. 교정
25. 특별	26. 주소	27. 부분	28. 온화
29. 유리	30. 친정	31. 자연	32. 신체
33. 도로	34. 죽을사	35. 일백백	36. 먼저선
37. 쉴휴	38. 작을소	39. 예도례	40. 밝을명
41. 집실	42. 공구	43. 떼부	44. 구분할구
45. 일만만	46. 수레거/차	47. 여름하	48. 글자자
49. 뿔각	50. 일천천	51. 낮주	52. 있을유
53. 들야	54. 등급급	55. 놓을방	56. 不平
57. 同姓	58. 活氣	59. 白旗	60. 海軍
61. 重大	62. 生命	63. 花草	64. 國旗
65. 孝道	66. 登山	67. 白米	68. 平面
69. 電氣	70. 名物	71. 天文	72. 算出
73. 事後	74. 安心	75. 上下	76. 日時
77. ④	78. ①	79. ③	80. ①
81. ③	82. ②	83. ③	84. ④
85. ②	86. 직립	87. 가수	88. ①
89. ①	90. ④		

제2회 예상문제

1. 선조	2. 공원	3. 음악	4. 온도
5. 운동	6. 출현	7. 체육	8. 야구
9. 청색	10. 도로	11. 학교	12. 평야
13. 미국	14. 지면	15. 교장	16. 식당
17. 오후	18. 가문	19. 도장	20. 육성
21. 자손	22. 고대	23. 영어	24. 전부
25. 신화	26. 풍습	27. 민족	28. 작업
29. 동화	30. 근친	31. 동물	32. 실신
33. 지형	34. 지경계	35. 옛고	36. 빛색
37. 목숨명	38. 기기	39. 백성민	40. 새신
41. 놓을방	42. 흰백	43. 길로	44. 학교교
45. 사라질소	46. 발족	47. 오를등	48. 강강
49. 길장	50. 꽃화	51. 고을군	52. 빌공
53. 사내남	54. 집당	55. 차례제	56. 靑天
57. 外出	58. 氣力	59. 記名	60. 白花
61. 平生	62. 自動車	63. 午前	64. 海物
65. 八道	66. 白金	67. 大學	68. 長男
69. 天地	70. 同時	71. 場所	72. 男女
73. 南北	74. 南山	75. 老人	76. ③
77. ②	78. ④	79. ④	80. ③
81. ①	82. ③	83. ①	84. ③
85. ④	86. 주민	87. 산림	88. ②
89. ②	90. ④		

제4회 예상문제

1. 시월	2. 수립	3. 전차	4. 교습
5. 대외	6. 동물	7. 이유	8. 구두
9. 강직	10. 풍습	11. 승리	12. 병약
13. 사각	14. 직각	15. 명제	16. 계산
17. 음식	18. 안정	19. 예도	20. 현장
21. 군기	22. 야구	23. 태양	24. 춘설
25. 행운	26. 화술	27. 합석	28. 육성
29. 변소	30. 내과	31. 개발	32. 현시
33. 풍설	34. 움직일동	35. 때시	36. 뿌리근
37. 온전전	38. 여덟팔	39. 사이간	40. 윗상
41. 할아비조	42. 나눌분	43. 심을식	44. 기운기
45. 말미암을유	46. 가운데중	47. 살주	48. 배울학
49. 말씀어	50. 길도	51. 곧을직	52. 해년
53. 과목과	54. 땅지	55. 강할강	56. 名所
57. 國花	58. 住所	59. 正午	60. 三千
61. 國軍	62. 山川	63. 植木日	64. 不老草
65. 主食	66. 出入	67. 洞里	68. 海外
69. 少年	70. 休校	71. 每事	72. 登校
73. 全國	74. 學生	75. 生日	76. ②
77. ③	78. ①	79. ②	80. ①
81. ③	82. ③	83. ②	84. ②
85. ①	86. 식전	87. 농촌	88. ④
89. ⑥	90. ⑥		

제5회 예상문제

1. 풍악	2. 근대	3. 국운	4. 유래
5. 한약	6. 성명	7. 특급	8. 분반
9. 양지	10. 소실	11. 번호	12. 급사
13. 별세	14. 제목	15. 각자	16. 의약
17. 식음	18. 답신	19. 과수	20. 사회
21. 성공	22. 친족	23. 명작	24. 공통
25. 한의	26. 사명	27. 활동	28. 각도
29. 신호	30. 해물	31. 친정	32. 입체
33. 사유	34. 그림화	35. 모방	36. 마당장
37. 서녘서	38. 사귈교	39. 쓸용	40. 번개전
41. 장인공	42. 날랠용	43. 옷복	44. 의원의
45. 길영	46. 편할편	47. 나타날현	48. 아름다울미
49. 앞전	50. 주인주	51. 어미모	52. 지을작
53. 많을다	54. 서울경	55. 마을리	56. 千里
57. 東方	58. 外食	59. 萬金	60. 入力
61. 木工所	62. 民主	63. 手工	64. 休日
65. 祖上	66. 衣食住	67. 百姓	68. 水軍
69. 萬民	70. 子正	71. 同氣	72. 手動
73. 出口	74. 孝子	75. 出動	76. ④
77. ①	78. ②	79. ③	80. ②
81. ②	82. ④	83. ③	84. ②
85. ③	86. 출입	87. 국군	88. ③
89. ②	90. ③		

제7회 예상문제

1. 발광	2. 내세	3. 사리	4. 세습
5. 고급	6. 급속	7. 남북	8. 동등
9. 형식	10. 식민	11. 대용	12. 실례
13. 소재	14. 부족	15. 병석	16. 상공
17. 친서	18. 가문	19. 공원	20. 태고
21. 고락	22. 지형	23. 전집	24. 화실
25. 용기	26. 구근	27. 조손	28. 태학
29. 유화	30. 병고	31. 작년	32. 신식
33. 출현	34. 날출	35. 약약	36. 법식
37. 그럴연	38. 노래가	39. 멀원	40. 물을문
41. 들을문	42. 느낄감	43. 들입	44. 겉표
45. 가까울근	46. 낮오	47. 적을소	48. 업업
49. 공공	50. 가르칠교	51. 대답할답	52. 편안할안
53. 한국한	54. 기록할기	55. 농사농	56. 一生
57. 動物	58. 便安	59. 分子	60. 空中
61. 農場	62. 東海	63. 便所	64. 市場
65. 黃金	66. 市長	67. 靑色	68. 時間
69. 所重	70. 安全	71. 西便	72. 出土
73. 兄夫	74. 地面	75. 答紙	76. ④
77. ③	78. ①	79. ③	80. ②
81. ①	82. ④	83. ①	84. ③
85. 불효	86. 군기	87. 주민	88. ③
89. ①	90. ①		

제6회 예상문제

1. 표백	2. 농악	3. 읍내	4. 명의
5. 도술	6. 공식	7. 자습	8. 사교
9. 직선	10. 발신	11. 실업	12. 공리
13. 향학	14. 다독	15. 정직	16. 선조
17. 문답	18. 전선	19. 동심	20. 약과
21. 전력	22. 독서	23. 작자	24. 공화
25. 영문	26. 부하	27. 온실	28. 식장
29. 급속	30. 연호	31. 상경	32. 강촌
33. 합계	34. 효도효	35. 모일사	36. 누를황
37. 손자손	38. 병병	39. 한가지공	40. 마실음
41. 재주재	42. 쇠금	43. 고을읍	44. 가을추
45. 옮길운	46. 볕양	47. 귀신신	48. 몸체
49. 옷의	50. 머리두	51. 군사군	52. 여섯륙
53. 기름유	54. 동산원	55. 익힐습	56. 歌手
57. 正面	58. 直立	59. 時間	60. 人力車
61. 萬國旗	62. 生活	63. 國家	64. 車道
65. 江山	66. 體力	67. 出世	68. 春夏
69. 數學	70. 敎育	71. 下山	72. 命中
73. 不動	74. 兄弟	75. 工事	76. ①
77. ②	78. ②	79. ③	80. ④
81. ①	82. ④	83. ③	84. ④
85. ②	86. 애국	87. 화초	88. ③
89. ②	90. ③		

제8회 예상문제

1. 노상	2. 수화	3. 황색	4. 급행
5. 화기	6. 방전	7. 의도	8. 연하
9. 두각	10. 대등	11. 등급	12. 과연
13. 다재	14. 영원	15. 예식	16. 영어
17. 다급	18. 통로	19. 주유	20. 동양
21. 공연	22. 중병	23. 미선	24. 소변
25. 언문	26. 체면	27. 성과	28. 육성
29. 반대	30. 백설	31. 장면	32. 병자
33. 육감	34. 마을촌	35. 높을고	36. 차례제
37. 기술술	38. 한나라한	39. 겨울동	40. 뒤후
41. 부을주	42. 하여금사/부릴사	43. 잃을실	44. 골동
45. 셈할수	46. 얼굴면	47. 하늘천	48. 손자손
49. 제목제	50. 꽃부리영	51. 통할통	52. 대할대
53. 맑을청	54. 나라국	55. 가을추	56. 敎室
57. 每日	58. 軍歌	59. 新綠	60. 校長
61. 海軍	62. 安住	63. 有名	64. 白日場
65. 問安	66. 自然	67. 來日	68. 母國
69. 國土	70. 西風	71. 自活	72. 間食
73. 校門	74. 生家	75. 問答	76. ①
77. ④	78. ②	79. ②	80. ④
81. ①	82. ②	83. ③	84. ③
85. ②	86. 야식	87. 녹색	88. ③
89. ⑥	90. ②		

제9회 예상문제

1. 신문 2. 편지 3. 강풍 4. 양약
5. 신화 6. 노약 7. 각반 8. 화합
9. 동화 10. 선천 11. 손녀 12. 해운
13. 용어 14. 청풍 15. 서신 16. 금은
17. 이장 18. 금번 19. 농민 20. 편안
21. 정원 22. 감복 23. 문병 24. 동화
25. 이자 26. 수전 27. 석유 28. 만고
29. 유선 30. 초록 31. 구간 32. 근자
33. 교감 34. 이름명 35. 가까울근 36. 눈설
37. 특별할특 38. 익힐습 39. 글월장 40. 밤야
41. 다를별 42. 짧을단 43. 나무수 44. 대신대
45. 셈계 46. 친할친 47. 마실음 48. 이길승
49. 다섯오 50. 다행행 51. 고을군 52. 셈산
53. 밝을명 54. 무리등 55. 향할향 56. 家門
57. 手話 58. 食口 59. 西海 60. 農夫
61. 左右 62. 後世 63. 姓名 64. 世上
65. 主人 66. 室內 67. 全力 68. 千金
69. 生活 70. 植物 71. 入金 72. 手足
73. 高空 74. 祖父 75. 木手 76. ②
77. ③ 78. ① 79. ④ 80. ①
81. ③ 82. ② 83. ③ 84. ④
85. ① 86. 산천 87. 명소 88. ②
89. ② 90. ④

제11회 예상문제

1. 미음 2. 행서 3. 특명 4. 서화
5. 본래 6. 독자 7. 예외 8. 원근
9. 개통 10. 고도 11. 반성 12. 화제
13. 중과 14. 금후 15. 소화 16. 신용
17. 오후 18. 전구 19. 개경 20. 회사
21. 지구 22. 개시 23. 예악 24. 반의
25. 의술 26. 대수 27. 서식 28. 공석
29. 식수 30. 풍월 31. 족구 32. 답례
33. 온도 34. 올래 35. 형형 36. 뜻의
37. 나눌반 38. 물건물 39. 저자시 40. 돌이킬반
41. 왼좌 42. 화할화 43. 수풀림 44. 바를정
45. 밥식 46. 아이동 47. 어제작 48. 살활
49. 클태 50. 정할정 51. 뜰정 52. 읽을독
53. 다스릴리 54. 형상형 55. 소리음 56. 電車
57. 先生 58. 人心 59. 住民 60. 大韓
61. 電話 62. 自首 63. 食水 64. 今年
65. 國語 66. 孝 67. 對 68. 村
69. 直 70. 面 71. 綠 72. 漢
73. 軍 74. 北 75. 答 76. ③
77. ④ 78. ④ 79. ③ 80. ①
81. ② 82. ④ 83. ① 84. ③
85. ④ 86. 가사 87. 좌우 88. ③
89. ② 90. ①

제10회 예상문제

1. 단신 2. 성형 3. 운동 4. 정구
5. 과목 6. 부분 7. 변통 8. 교실
9. 고대 10. 양수 11. 직언 12. 임야
13. 초당 14. 청록 15. 구별 16. 계획
17. 내복 18. 한약 19. 하복 20. 급소
21. 입하 22. 낙원 23. 정오 24. 전승
25. 교육 26. 부정 27. 조회 28. 악장
29. 반야 30. 창문 31. 부재 32. 풍문
33. 표현 34. 줄선 35. 글월문 36. 법도도
37. 자리석 38. 살필성 39. 의원의 40. 따뜻할온
41. 반반 42. 인간세 43. 지아비부 44. 은은
45. 합할합 46. 그림도 47. 놈자 48. 스스로자
49. 겨레족 50. 기록할기 51. 각각각 52. 열개
53. 급할급 54. 바소 55. 쌀미 56. 七夕
57. 草木 58. 人夫 59. 二重 60. 百日
61. 自然 62. 半萬年 63. 食事 64. 不正
65. 山林 66. 話 67. 祖 68. 然
69. 命 70. 後 71. 歌 72. 敎
73. 動 74. 來 75. 安 76. ②
77. ③ 78. ④ 79. ④ 80. ③
81. ② 82. ① 83. ② 84. ①
85. ③ 86. 등교 87. 서풍 88. ②
89. ② 90. ②

제12회 예상문제

1. 근본 2. 고대 3. 훈장 4. 실의
5. 향방 6. 불평 7. 업계 8. 정시
9. 입경 10. 등식 11. 입춘 12. 예사
13. 녹야 14. 주목 15. 농활 16. 가정
17. 합리 18. 특석 19. 별표 20. 교전
21. 유월 22. 안락 23. 신록 24. 출발
25. 기호 26. 승운 27. 사별 28. 청춘
29. 평화 30. 황금 31. 특사 32. 체온
33. 영특 34. 강할강 35. 이로울리 36. 큰바다양
37. 쉴휴 38. 모을집 39. 필발 40. 동산원
41. 즐길락 42. 글서 43. 열매과 44. 매양매
45. 있을재 46. 농사농 47. 몸신 48. 창창
49. 맑을청 50. 저자시 51. 한가지동 52. 손수
53. 무거울중 54. 모일회 55. 기다릴대 56. 萬物
57. 生物 58. 室內 59. 千萬 60. 入住
61. 登場 62. 人間 63. 家事 64. 便紙
65. 工場 66. 正直 67. 王子 68. 記事
69. 孝女 70. 小數 71. 秋夕 72. 先祖
73. 下校 74. 空間 75. 內外 76. ①
77. ③ 78. ④ 79. ④ 80. ②
81. ① 82. ② 83. ③ 84. ②
85. ① 86. 식수 87. 국어 88. ①
89. ③ 90. ①

제13회 예상문제

1. 불편 2. 태반 3. 양은 4. 습작 5. 반장 6. 지도 7. 대신 8. 예제
9. 표의 10. 선후 11. 근친 12. 음식 13. 육영 14. 은행 15. 가수 16. 후문
17. 내한 18. 통신 19. 현금 20. 청산 21. 해풍 22. 불리 23. 애족 24. 작금
25. 명도 26. 감기 27. 특급 28. 평등 29. 승산 30. 술수 31. 초근 32. 시조
33. 집합 34. 쓸고 35. 가르칠훈 36. 바람풍 37. 눈목 38. 아비부 39. 종이지 40. 빠를속
41. 평평할평 42. 성박 43. 북녘북 44. 빛광 45. 사랑할애 46. 싸울전 47. 바다해 48. 아침조
49. 다닐행 50. 지아비부 51. 이름호 52. 차례번 53. 말씀화 54. 약할약 55. 귀신신 56. 地方
57. 前後 58. 所有 59. 學問 60. 食前 61. 空軍 62. 家族 63. 立春 64. 海女
65. 洞長 66. 植 67. 右 68. 旗 69. 室 70. 登 71. 休 72. 物
73. 全 74. 育 75. 間 76. 村 77. ② 78. ① 79. ① 80. ④
81. ③ 82. ① 83. ③ 84. ② 85.   86. 고락 87. 차창 88. ①
89. ② 90. ②

기출·예상문제 정답

제1회 기출 · 예상문제

1. 석유	2. 야구	3. 온화	4. 민족
5. 안주	6. 선두	7. 속도	8. 산수
9. 전공	10. 복용	11. 요리	12. 시조
13. 다승	14. 동작	15. 온수	16. 고생
17. 녹색	18. 기운	19. 신체	20. 창문
21. 개화	22. 식사	23. 영재	24. 급행
25. 발명	26. 농악	27. 노선	28. 병약
29. 영원	30. 불행	31. 분반	32. 미술
33. 전부	34. 뿌리근	35. 믿을신	36. 이룰성
37. 죽을사	38. 의원의	39. 때시	40. 기다릴대
41. 업업	42. 익힐습	43. 볕양	44. 모일집
45. 대신대	46. 기기	47. 사이간	48. 수풀림
49. 목숨명	50. 셈계	51. 마실음	52. 강할강
53. 기록할기	54. 말미암을유	55. 뜻의	56. 서울경
57. 來世	58. 三寸	59. 老人	60. 海軍
61. 登校	62. 中東	63. 前後	64. 水草
65. 靑年	66. 邑內	67. 每日	68. 上空
69. 市外	70. 自然	71. 母子	72. 村夫
73. 直立	74. 百姓	75. 所有	76. 左右
77. ③	78. ④	79. ④	80. ①
81. ①	82. ③	83. ③	84. ④
85. ②	86. 식수	87. 춘추	88. ③
89. ④	90. ②		

제2회 기출 · 예상문제

1. 행운	2. 집계	3. 주간	4. 서기
5. 재야	6. 업체	7. 성과	8. 통로
9. 제호	10. 양기	11. 동화	12. 이조
13. 신록	14. 본연	15. 황해	16. 사회
17. 주유	18. 전선	19. 정원	20. 예복
21. 기장	22. 구별	23. 사약	24. 병석
25. 합의	26. 후손	27. 양은	28. 수림
29. 감전	30. 편리	31. 두각	32. 다독
33. 화친	34. 마실음	35. 꽃화	36. 차례제
37. 나눌반	38. 몸신	39. 그림도	40. 이길승
41. 쓸용	42. 밝을명	43. 눈설	44. 향할향
45. 들을문	46. 어제작	47. 익힐습	48. 기다릴대
49. 부릴사	50. 쓸고	51. 사랑애	52. 놓을방
53. 각각각	54. 비로소시	55. 집단	56. 다스릴리
57. 江村	58. 軍歌	59. 民心	60. 人物
61. 所重	62. 休日	63. 安全	64. 天地
65. 草食	66. 左右	67. 空中	68. 算數
69. 出口	70. 自主	71. 男女	72. 百方
73. 立冬	74. 先金	75. 車道	76. 家門
77. ①	78. ②	79. ⑥	80. ③
81. ①	82. ④	83. ②	84. ④
85. ④	86. 목례	87. 작문	88. ④
89. ④	90. ④		

제3회 기출 · 예상문제

1. 체중	2. 식수	3. 병약	4. 농촌
5. 태양	6. 운명	7. 공장	8. 미술
9. 천만	10. 성명	11. 교실	12. 해군
13. 각자	14. 현재	15. 의과	16. 왕손
17. 단신	18. 감동	19. 동창	20. 육성
21. 고등	22. 친족	23. 자연	24. 이유
25. 양복	26. 시작	27. 근본	28. 지구
29. 온도	30. 군민	31. 부분	32. 출발
33. 두목	34. 푸를록	35. 저자시	36. 오를등
37. 차례번	38. 급할급	39. 기다릴대	40. 들야
41. 열개	42. 업업	43. 겉표	44. 아이동
45. 예도례	46. 빠를속	47. 집단	48. 이길승
49. 사이간	50. 길영	51. 꽃부리영	52. 뜰정
53. 특별할특	54. 셈산	55. 사귈교	56. 쌀미
57. 邑內	58. 四方	59. 事前	60. 每日
61. 住所	62. 長足	63. 上空	64. 休校
65. 中食	66. 祖父	67. 靑春	68. 家電
69. 歌手	70. 花草	71. 安心	72. 正答
73. 洞口	74. 午後	75. 孝道	76. 人夫
77. ②	78. ③	79. ②	80. ④
81. ③	82. ①	83. ④	84. ①
85. ③	86. 내외	87. 입학	88. ④
89. ③	90. ②		

제4회 기출 · 예상문제

1. 두각	2. 계산	3. 번호	4. 예식
5. 등장	6. 구근	7. 군민	8. 백합
9. 교통	10. 세간	11. 발육	12. 태양
13. 시공	14. 과수	15. 운명	16. 동심
17. 청군	18. 강풍	19. 주의	20. 미색
21. 백기	22. 병고	23. 임업	24. 전화
25. 본부	26. 지도	27. 물리	28. 면목
29. 해양	30. 온실	31. 서기	32. 구별
33. 사용	34. 기다릴대	35. 그럴연	36. 모을집
37. 한가지동	38. 날랠용	39. 기름유	40. 마실음
41. 누를황	42. 각각각	43. 쌀미	44. 기술술
45. 들을문	46. 눈설	47. 맑을청	48. 편안할안
49. 자리석	50. 사라질소	51. 무거울중	52. 익힐습
53. 공평할공	54. 친할친	55. 비로소시	56. 효도효
57. 四方	58. 母女	59. 市外	60. 活動
61. 洞里	62. 食口	63. 休日	64. 長老
65. 邑內	66. 人夫	67. 直立	68. 少數
69. 主教	70. 祖上	71. 住所	72. 姓名
73. 正道	74. 農事	75. 先手	76. 學校
77. ②	78. ②	79. ④	80. ③
81. ①	82. ②	83. ④	84. ②
85. ③	86. 강촌	87. 원근	88. ⑥
89. ⑩	90. ⑧		

제5회 기출 · 예상문제

1. 육성	2. 통화	3. 양복	4. 감도
5. 언행	6. 형제	7. 애용	8. 시작
9. 개학	10. 식물	11. 편리	12. 태양
13. 명의	14. 출금	15. 과목	16. 행운
17. 실신	18. 발병	19. 대표	20. 분반
21. 현재	22. 형체	23. 산술	24. 생색
25. 공군	26. 집합	27. 초목	28. 직각
29. 등교	30. 답신	31. 용기	32. 수족
33. 천하	34. 많을다	35. 뜻의	36. 머리두
37. 어제작	38. 사귈교	39. 그림도	40. 수풀림
41. 이름호	42. 마디촌	43. 들을문	44. 글월장
45. 밝을명	46. 한가지공	47. 푸를록	48. 바깥외
49. 낮오	50. 눈설	51. 죽을사	52. 노래가
53. 겨레족	54. 꽃부리영	55. 서울경	56. 住民
57. 老人	58. 白旗	59. 子時	60. 先祖
61. 教室	62. 正道	63. 北方	64. 自然
65. 記入	66. 農家	67. 面前	68. 左右
69. 少數	70. 場所	71. 世上	72. 活動
73. 中間	74. 邑內	75. 休日	76. ①
77. ④	78. ②	79. ④	80. ①
81. ②	82. ②	83. ④	84. ②
85. ①	86. 조석	87. 신년	88. ①
89. ⑩	90. ⑥		

제7회 기출 · 예상문제

1. 공감	2. 사용	3. 친서	4. 입석
5. 작업	6. 전선	7. 번호	8. 특별
9. 창문	10. 시동	11. 공사	12. 전신
13. 학습	14. 산술	15. 미남	16. 방화
17. 분속	18. 석영	19. 의복	20. 신록
21. 의향	22. 본부	23. 강자	24. 성공
25. 설야	26. 평야	27. 신체	28. 승운
29. 정원	30. 해양	31. 용기	32. 민족
33. 교통	34. 모양형	35. 아침조	36. 따뜻할온
37. 셈수	38. 필발	39. 잃을실	40. 마실음
41. 다스릴리	42. 사라질소	43. 셀계	44. 클태
45. 스스로자	46. 법식	47. 병병	48. 눈목
49. 공구	50. 볕양	51. 무리등	52. 부을주
53. 겉표	54. 말미암을유	55. 때시	56. 사랑애
57. 花草	58. 父母	59. 方面	60. 每日
61. 生物	62. 事大	63. 百年	64. 農土
65. 老人	66. 登山	67. 五色	68. 正直
69. 安心	70. 內室	71. 天然	72. 住所
73. 市場	74. 教育	75. 小食	76. 校長
77. ① 今	78. ④ 手	79. ③ 幸	80. ① 淸
81. ④ 木	82. ② 畫	83. ② 記	84. ④ 洞
85. ③ 藥	86. 군가/(軍歌)	87. 전후/(前後) 선후/(先後)	88. ⑧
89. ⑫	90. ⑨		

제6회 기출 · 예상문제

1. 대리	2. 전승	3. 발병	4. 성공
5. 반별	6. 과수	7. 등호	8. 사자
9. 서양	10. 동창	11. 신약	12. 광선
13. 본업	14. 각형	15. 교감	16. 실의
17. 습작	18. 두부	19. 구분	20. 애족
21. 목례	22. 방언	23. 신동	24. 영특
25. 온화	26. 개시	27. 주유	28. 서당
29. 반구	30. 고도	31. 의술	32. 집계
33. 각계	34. 뜰정	35. 푸를록	36. 볕양
37. 과목과	38. 은은	39. 고을군	40. 들을문
41. 아침조	42. 옷복	43. 어제작	44. 길영
45. 가까울근	46. 이제금	47. 친할친	48. 소리음
49. 자리석	50. 기다릴대	51. 낮주	52. 길로
53. 눈설	54. 믿을신	55. 옮길운	56. 들야
57. 空間	58. 農村	59. 車道	60. 自動
61. 登場	62. 來年	63. 老後	64. 每事
65. 秋夕	66. 校旗	67. 數萬	68. 便安
69. 入學	70. 電話	71. 地方	72. 直前
73. 軍歌	74. 草家	75. 平時	76. 活氣
77. ④ 短	78. ② 弱	79. ③ 樂	80. ① 公
81. ① 速	82. ③ 畫	83. ② 勇	84. ① 米
85. ① 消	86. 성과 이름	87. 쉬는날	88. ④
89. ④	90. ⑤		

제8회 기출 · 예상문제

1. 후손	2. 녹색	3. 소문	4. 방언
5. 미군	6. 방화	7. 효녀	8. 생명
9. 예물	10. 백미	11. 개발	12. 노약
13. 이용	14. 내세	15. 계산	16. 도리
17. 강도	18. 두목	19. 정답	20. 구분
21. 동화	22. 근본	23. 고등	24. 감동
25. 공과	26. 농사	27. 근대	28. 성과
29. 광선	30. 상경	31. 도서	32. 지구
33. 시간	34. 이길 승	35. 친할 친	36. 부을 주
37. 특별할 특	38. 뜻 의	39. 비로소 시	40. 큰바다 양
41. 지을 작	42. 볕 양	43. 말미암을 유	44. 귀신 신
45. 재주 술	46. 옷 복	47. 뿔 각	48. 자리 석
49. 쓸 고	50. 다를/나눌 별	51. 법식 례	52. 오얏/성 리
53. 길 로	54. 짧을 단	55. 기다릴 대	56. 집 당
57. 每日	58. 市民	59. 手足	60. 植木
61. 食前	62. 五月	63. 靑年	64. 百姓
65. 二重	66. 敎育	67. 花草	68. 直立
69. 江村	70. 先天	71. 有名	72. 自然
73. 王室	74. 場面	75. 出入	76. 人夫
77. ① 少	78. ② 夏	79. ④ 今	80. ② 夜
81. ④ 身	82. ② 里	83. ② 永	84. ③ 記
85. ① 功	86. 바닷바람	87. 나무가 우거진 숲/나무와 숲	88. ⑩
89. ⑧	90. ⑨		

1. 명백	2. 공공	3. 급행	4. 노선
5. 온도	6. 양약	7. 호외	8. 낙원
9. 도술	10. 장단	11. 독서	12. 설야
13. 동창	14. 산수	15. 과목	16. 공업
17. 교통	18. 친애	19. 근세	20. 전화
21. 신문	22. 형색	23. 백과	24. 발표
25. 이자	26. 행운	27. 방화	28. 농지
29. 작전	30. 영재	31. 임야	32. 이유
33. 황토	34. 심을 식	35. 기를 육	36. 바람 풍
37. 효도 효	38. 맑을 청	39. 모을 집	40. 뜻 의
41. 날랠 용	42. 믿을 신	43. 다를/나눌 별	44. 쌀 미
45. 마을 리	46. 머리 두	47. 노래 가	48. 떼 부
49. 무리 등	50. 움직일 동	51. 기운 기	52. 기 기
53. 대답 답	54. 성 성	55. 화할 화	56. 老母
57. 生命	58. 每日	59. 江村	60. 室內
61. 正午	62. 市民	63. 事物	64. 安心
65. 自然	66. 天上	67. 直立	68. 入住
69. 四方	70. 中間	71. 草木	72. 食水
73. 海軍	74. 靑年	75. 登山	76. ② 少
77. ④ 手	78. ① 後	79. ② 夏	80. ③ 男
81. ⑤ 今	82. ④ 堂	83. ④ 敎	84. ② 成
85. ③ 祖	86. 大門	87. 兄弟	88. ⑤
89. ⑤	90. ⑩		

1. 공간	2. 지구	3. 군민	4. 단가
5. 답례	6. 고락	7. 도로	8. 공감
9. 선두	10. 농부	11. 급속	12. 기호
13. 등식	14. 계산	15. 사례	16. 편리
17. 용기	18. 천리	19. 명목	20. 각도
21. 구별	22. 가업	23. 자연	24. 태양
25. 불복	26. 발전	27. 정원	28. 등과
29. 유래	30. 소문	31. 운명	32. 사자
33. 사선	34. 화할화	35. 들야	36. 나눌분
37. 친할친	38. 집단	39. 기다릴대	40. 싸울전
41. 사귈교	42. 차례번	43. 겨레족	44. 매양매
45. 향할향	46. 살활	47. 그림도	48. 각각각
49. 나타날현	50. 병병	51. 사랑애	52. 모양형
53. 큰바다양	54. 글장	55. 있을재	56. 安心
57. 室內	58. 午後	59. 祖父	60. 孝女
61. 市場	62. 中食	63. 王子	64. 同時
65. 平面	66. 入口	67. 洞里	68. 生物
69. 四方	70. 百年	71. 靑色	72. 世上
73. 數學	74. 木手	75. 海水	76. ④ 夕
77. ① 遠	78. ② 夏	79. ① 今	80. ⑤ 五
81. ② 多	82. ④ 明	83. ② 林	84. ③ 姓
85. ① 藥	86. 눈바람	87. 가르치어기름	88. ⑨
89. ⑩	90. ⑦		

1. 고도	2. 공유	3. 전선	4. 상공
5. 개발	6. 두목	7. 세계	8. 농가
9. 본래	10. 감기	11. 답례	12. 공작
13. 동심	14. 과연	15. 등신	16. 계산
17. 등기	18. 태양	19. 풍습	20. 서화
21. 특사	22. 사물	23. 병사	24. 출석
25. 부하	26. 매번	27. 입신	28. 이용
29. 녹색	30. 초당	31. 야구	32. 이과
33. 도로	34. 뿌리 근	35. 모을 집	36. 믿을 신
37. 부을 주	38. 공공	39. 빠를 속	40. 통할 통
41. 기다릴 대	42. 그림 도	43. 마당 장	44. 서울 경
45. 기 기	46. 비로소 시	47. 사라질 소	48. 돌 석
49. 이룰 성	50. 뿔 각	51. 눈 설	52. 수풀 림
53. 나눌 분	54. 아름다울 미	55. 움직일 동	56. 主人
57. 祖父	58. 母子	59. 土地	60. 生食
61. 四方	62. 姓名	63. 大學	64. 正午
65. 千年	66. 先手	67. 王室	68. 萬金
69. 植木	70. 入口	71. 同時	72. 江山
73. 洞里	74. 敎育	75. 市民	76. ③ 短
77. ① 樂	78. ④ 夕	79. ① 由	80. ② 省
81. ④ 中	82. ③ 洋	83. ① 別	84. ③ 花
85. ③ 遠	86. 水門	87. 內外	88. ⑧
89. ⑧	90. ⑥		

1. 현물	2. 군가	3. 선친	4. 두각
5. 도장	6. 각계	7. 집계	8. 유리
9. 고조	10. 소재	11. 구장	12. 미술
13. 민의	14. 예사	15. 심리	16. 명분
17. 체면	18. 답신	19. 가정	20. 특명
21. 방식	22. 번지	23. 별세	24. 부문
25. 사활	26. 승산	27. 선로	28. 구간
29. 용도	30. 감복	31. 신동	32. 개시
33. 성과	34. 하여금/부릴사	35. 매양 매	36. 무리 등
37. 글 서	38. 들 야	39. 기름 유	40. 살필성,덜생
41. 기다릴 대	42. 따뜻할 온	43. 사랑 애	44. 눈 설
45. 바다 해	46. 통할 통	47. 말미암을 유	48. 사귈 교
49. 들을 문	50. 사라질 소	51. 오를 등	52. 농사 농
53. 날랠 용	54. 병 병	55. 자리 석	56. 正直
57. 主人	58. 校旗	59. 千金	60. 寸數
61. 同氣	62. 來日	63. 市中	64. 安住
65. 平生	66. 天然	67. 自動	68. 敎育
69. 不便	70. 下山	71. 邑內	72. 室長
73. 花草	74. 午前	75. 出口	76. ② 今
77. ③ 弱	78. ② 遠	79. ② 少	80. ⑧ 靑
81. ③ 朝	82. ③ 目	83. ① 林	84. ② 共
85. ② 陽	86. 낮과밤	87. 이름난 의사	88. ⑩
89. ⑧	90. ⑦		

한자능력 검정시험 6급

특허 : 제10-0636034호
발명의 명칭 : 한자학습교재
발명특허권자 : 능률원출판사

초판발행 2005년 7월 5일
2판발행 2007년 11월 5일
3판발행 2012년 7월 5일
4판발행 2016년 1월 2일
5판발행 2019년 1월 1일
6판발행 2023년 1월 1일
7판발행 2024년 1월 1일
8판발행 2025년 1월 1일

엮은이 백상빈·김금초
발행인 백상빈

주 소 | 서울특별시 영등포구 도림동 283-5
전 화 | (02) 843-1246
등 록 | 제 05-04-0211

도서출판 능률원